Documento de Trabajo
Serie Unión Europea y Relaciones Internacionales
Número 143/ 2024

RT / Sputnik como herramientas de propagación de desinformación de la política exterior rusa

Lorena Méndez Vázquez

El Real Instituto Universitario de Estudios Europeos de la Universidad CEU San Pablo, Centro Europeo de Excelencia Jean Monnet, es un centro de investigación especializado en la integración europea y otros aspectos de las relaciones internacionales.

Los documentos de trabajo dan a conocer los proyectos de investigación originales realizados por los investigadores asociados del Instituto Universitario en los ámbitos histórico-cultural, jurídico-político y socioeconómico de la Unión Europea.

Las opiniones y juicios de los autores no son necesariamente compartidos por el Real Instituto Universitario de Estudios Europeos.

Los documentos de trabajo están también disponibles en: www.idee.ceu.es

Serie *Unión Europea y Relaciones Internacionales* de documentos de trabajo del Real Instituto Universitario de Estudios Europeos

RT / Sputnik como herramientas de propagación de desinformación de la política exterior rusa

CEU *Ediciones*
Julián Romea 18, 28003 Madrid
Teléfono: 91 514 05 73, fax: 91 514 04 30
Correo electrónico: ceuediciones@ceu.es
www.ceuediciones.es

Real Instituto Universitario de Estudios Europeos
Avda. del Valle 21, 28003 Madrid
www.idee.ceu.es

ISBN: 978-84-19976-39-0
Depósito legal: M-15005-2024

Maquetación: Forletter, S.A.

Índice

AGRADECIMIENTOS 5

INTRODUCCIÓN.. 6

CAPÍTULO I. APROXIMACIÓN CONCEPTUAL Y EVOLUCIÓN DE LA DESINFORMACIÓN RUSA 9

    1.1. El concepto de 'desinformación'.. 9

    1.2. La dureza de la desinformación: del *soft* al *sharp power* 10

        1.2.1. El concepto de '*soft power*' 11

        1.2.2. El concepto de '*sharp power*' 12

    1.3. Contexto histórico de la desinformación rusa... 14

        1.3.1. La Rusia zarista y la Ojrana 15

        1.3.2. La revolución rusa y la Checa 16

        1.3.3. La URSS, el OGPU y el NKVD 21

        1.3.4. La Guerra Fría y el KGB 22

CAPÍTULO II: LA DESINFORMACIÓN RUSA CONTEMPORÁNEA 25

    2.1. La desinformación en la era de Putin 25

    2.2. *RT* y *Sputnik* como brazos mediáticos del Kremlin... 26

        2.2.1. *RT* y el liderazgo de Margarita Simonián... 27

        2.2.2. *Sputnik* y su clan de periodistas afines al Kremlin 28

    2.3. *RT* y *Sputnik,* armas de doble filo contra Occidente 29

        2.3.1. La influencia de *RT* y *Sputnik* en el referéndum del Brexit... 30

        2.3.2. La manipulación electoral de *RT* y *Sputnik* en EE. UU.. 31

        2.3.3. La injerencia de *RT* y *Sputnik* en la crisis catalana.. 32

        2.3.4. El papel de *RT* y *Sputnik* en las elecciones al Parlamento Europeo 33

CAPÍTULO III. AMÉRICA LATINA COMO OPORTUNIDAD PARA *RT* Y *SPUTNIK*..................................... 34

    3.1. El renovado enfoque de Rusia hacia América Latina 34

        3.1.1. El *soft* y el *sharp power* rusos en América Latina 34

    3.2. La infodemia como nueva estrategia de *RT* y *Sputnik*... 36

        3.2.1. De la pandemia a la infodemia. *RT* y *Sputnik* como protagonistas 36

        3.2.2. *Sputnik V*: la alternativa a las 'ineficacias' de Occidente 37

3.3. *RT* y *Sputnik,* portavoces de la guerra de Ucrania en América Latina 38

    3.3.1. El veto europeo a *RT* y *Sputnik* para combatir la desinformación 38

    3.3.2. El giro mediático hacia América Latina 39

CONCLUSIONES 42

BIBLIOGRAFÍA 44

ANEXOS 52

Agradecimientos

A mis padres, por confiar siempre en mí y apoyarme incondicionalmente.

A mi hermano, por ser un ejemplo de inspiración y constancia para mí desde que era niña.

A mis amigos, por animarme a seguir adelante en los momentos más duros.

A mi directora, Marta Hernández, por su paciencia y dedicación y por acompañarme desde el principio hasta el final de este proyecto.

Introducción

Objeto de estudio

El proceso de globalización que hemos experimentado durante las últimas décadas ha aumentado la facilidad para mantenernos informados de lo que sucede a nuestro alrededor. Esto propicia que la información sea utilizada como una herramienta de poder en el ámbito internacional y que muchos gobiernos autoritarios hagan un mal uso de ella a través de estrategias de desinformación que menoscaban la libertad de expresión y pensamiento. La existencia de ciertos medios de comunicación que se dedican a propagar la visión del gobierno que los financia, como es el caso de los medios rusos *RT* y *Sputnik*, resulta cada vez más preocupante para la estabilidad de los sistemas democráticos. Por esta razón, cada vez existe un mayor interés por localizar y descifrar este tipo de estrategias dentro del mundo académico, en el que cada vez se destinan más esfuerzos por comprender y combatir la desinformación.

A pesar de que existen varios estudios sobre la desinformación propagada por el régimen ruso y que se trata de un tema de cada vez más actualidad, se ha constatado que apenas existen trabajos sobre la traslación de los conceptos de *soft* y *sharp power* a las estrategias de desinformación, una relación que resulta clave si tenemos en cuenta que se están convirtiendo en herramientas de política exterior. Si bien existen varias publicaciones sobre el concepto de *soft power,* se han encontrado menos investigaciones sobre la noción de *sharp power,* probablemente debido a su reciente incorporación al vocabulario político e internacional. Pese a haber encontrado un índice global sobre las naciones con mayor *soft power*, no se ha encontrado nada que se asemeje en el caso del *sharp power,* que en casos como el de Rusia parece estar desplazando en buena parte al *soft power*. También hemos observado cierta confusión entre algunos autores sobre estos dos términos, quizás porque, en ocasiones, están estrechamente relacionados el uno con el otro.

Uno de los desafíos identificados a la hora de realizar esta investigación está relacionado con los orígenes de las estrategias de desinformación y propaganda rusas. Si bien muchos artículos atribuían los comienzos de este tipo de actividades a la creación de las 'medidas activas' durante el período de la Guerra Fría, muchos otros explicaban que las operaciones propagandísticas de Rusia comenzaron con la creación de la Ojrana (organización policial secreta) en la época zarista. No obstante, la información disponible sobre esta organización no es muy abundante, lo cual ha limitado en cierta medida la cobertura de la investigación a este respecto.

Asimismo, cabe destacar que la información disponible sobre *RT* y *Sputnik* resulta bastante dispar. Mientras que existen numerosos estudios sobre el impacto de *RT* en la opinión pública, en el caso de *Sputnik*, se han utilizado otras fuentes, como artículos de prensa. Esto puede deberse, probablemente, a que *Sputnik* constituye una agencia de noticias cuyo público objetivo son los propios medios de comunicación, por lo que su impacto en la población no ha sido tan investigado ni documentado porque no resulta tan evidente como el de *RT,* que interactúa mucho más con la opinión pública. Tampoco se ha identificado una gran existencia de bibliografía relativa a la presencia de *RT* y *Sputnik* en América Latina. Si bien existen bastantes artículos sobre la influencia de la narrativa antioccidental rusa en la opinión pública latinoamericana, no se han localizado muchos estudios sobre los casos concretos de *RT* y *Sputnik*.

Por lo tanto, el presente trabajo de investigación tiene dos objetivos fundamentales bien definidos. Por un lado, se pretende proporcionar una visión completa del ecosistema de desinformación que se encuentra intrínseco en el sistema político ruso analizando su evolución histórica desde sus orígenes zaristas hasta la actual presidencia de Vladímir Putin. Para ello, se investigarán las diferentes estrategias llevadas a cabo por el régimen para tener controlada la opinión pública, así como las diversas narrativas antioccidentales que Rusia ha ido propagando con el mero fin de satisfacer sus aspiraciones estratégicas. Por otro lado, se busca realizar un estudio exhaustivo sobre los casos concretos de *RT* y *Sputnik* como actores partícipes de este ecosistema desinformativo que el Kremlin está utilizando como herramienta de *soft* y *sharp power* en su agenda de política exterior hacia regiones como la latinoamericana. De esta forma, se proporcionará una visión completa del aparato mediático actual ruso, teniendo en cuenta las similitudes con sus orígenes y estudiando su comportamiento como herramienta de política exterior con el estudio de caso de América Latina, una región cada vez más interesante y atractiva para el Kremlin.

Con la finalidad de desarrollar el presente Trabajo de Fin de Máster, se plantea la siguiente pregunta de investigación: ¿está Rusia utilizando estrategias de desinformación en América Latina a través de *RT* y *Sputnik* para fortalecer sus intereses geopolíticos?

Para responder a esta pregunta de investigación, será necesario plantear una serie de hipótesis que se tratarán de corroborar a lo largo del presente estudio. Por un lado, Rusia ha utilizado estrategias de *soft* y *sharp power* en el ámbito de la desinformación propagada por *RT* y *Sputnik* para influir en la opinión pública de los latinoamericanos a través de sus atractivos culturales y narrativas antioccidentales. Por otro lado, el Kremlin ha aprovechado situaciones de debilidad en las que estuviesen involucrados Europa o Estados Unidos (como la pandemia de COVID-19 o la guerra de Ucrania) para erosionar su influencia en Latinoamérica en su afán de posicionarse como una potencia alternativa con la que América Latina comparte una serie de intereses comunes.

Método utilizado

Esta investigación se ha realizado partiendo de una metodología descriptivo-analítica a la que se le añade un estudio de caso concreto. Este trabajo de investigación pretende proporcionar una descripción detallada de la desinformación rusa y su evolución a lo largo del tiempo. Para ello, se ha recopilado información sobre la temática y se han presentado hechos y datos relevantes que ofrecen una visión general de los conceptos clave relacionados con la desinformación rusa. Además, se ha examinado críticamente la información recopilada para analizar la influencia de la desinformación rusa en diferentes contextos, y también se ha presentado un estudio de caso concreto para evaluar los resultados obtenidos.

Fuentes empleadas

Para llevar a cabo esta investigación, se han utilizado tanto fuentes primarias como fuentes secundarias. Entre las fuentes primarias consultadas, destacan algunas entrevistas, discursos y testimonios relevantes relacionados con los engranajes del aparato mediático que da voz a la agenda de política exterior del Kremlin. También es importante mencionar el profundo análisis realizado de la estrategia de la UE a partir de documentos como el '*Informe sobre las injerencias extranjeras en todos los procesos democráticos de la Unión Europea, en particular, la desinformación*', publicado por el Parlamento Europeo; o algunas de las comunicaciones de la Comisión Europea sobre las medidas tomadas para combatir la desinformación, como el '*Código de Buenas Prácticas de la UE en Materia de Desinformación reforzado*'.

En lo que respecta a las fuentes secundarias, cabe destacar los numerosos artículos de prensa que tratan de refutar algunas de las narrativas engañosas propagadas por el Kremlin con una serie de evidencias y argumentos sólidos. También se han consultado diferentes informes, estudios y análisis de expertos que han sido de gran utilidad a la hora de obtener una visión más amplia y contextualizada de la estrategia del Kremlin y su impacto en América Latina. Algunas de estas fuentes secundarias incluyen informes gubernamentales, publicaciones académicas y análisis independientes sobre la desinformación rusa que proporcionan una perspectiva muy completa del evidente y creciente impacto de la desinformación rusa en la región latinoamericana.

La combinación de fuentes primarias y secundarias nos ha permitido obtener un enfoque completo y riguroso sobre el estudio de los intereses geopolíticos de Rusia en Latinoamérica y las herramientas de desinformación utilizadas para socavar la influencia de Occidente en la región, presentando así una perspectiva integral sobre el tema.

Plan de exposición

El presente trabajo de investigación se divide en tres capítulos y unas conclusiones finales que tratan de responder a la pregunta de investigación formulada con anterioridad. El primer capítulo está formado por dos partes. La primera parte utiliza un enfoque teórico que busca familiarizar al lector con el recurrente uso de la desinformación por parte de algunos gobiernos autoritarios a través de estrategias de *soft* y *sharp power*. Nos encontramos inmersos en una era digital que ha fomentado un manejo engañoso de la información como herramienta de política exterior.

Es en este sentido donde cobran importancia los conceptos de *soft* y *sharp power,* que pueden ser utilizados en el contexto de la desinformación para influir en la opinión pública, ya sea proyectando una imagen positiva propia en el exterior, o socavando la reputación de otros actores en beneficio de unos intereses concretos. La segunda parte de este primer capítulo busca presentar la evolución de las estrategias de desinformación llevadas a cabo por Rusia desde la época zarista hasta la Guerra Fría, donde cobraron especial relevancia las llamadas 'medidas activas'.

El segundo capítulo pretende proporcionar una visión de las estrategias de desinformación llevadas a cabo por la Federación de Rusia en la actualidad, especialmente a través de *RT* y *Sputnik,* dos medios de comunicación controlados por el gobierno ruso que se encargan de actuar como brazos mediáticos del Kremlin en sintonía con la agenda de política exterior del presidente Vladímir Putin. A modo de introducción, se han mostrado algunas evidencias sobre la continuidad de las estrategias de desinformación por parte del gobierno ruso. A continuación, se han enmarcado a *RT* y *Sputnik* como verdaderos partícipes del ecosistema de desinformación ruso, que funciona como un puzle en el que solamente hay que descubrir los lazos existentes entre el gobierno y los líderes de estos medios para unir todas las piezas. Por último, se han expuesto cuatro situaciones en las que *RT* y *Sputnik* comenzaron a utilizar estrategias de desinformación con cierta hostilidad hacia Occidente, especialmente a partir de momentos críticos como el Brexit o las elecciones estadounidenses de 2016, con cierta persistencia en otras situaciones como la crisis catalana o las elecciones al Parlamento Europeo de 2019.

El tercer y último capítulo se centra en el giro mediático de *RT* y *Sputnik* hacia el mundo hispanohablante, con un particular enfoque en América Latina. En primer lugar, se especifican los atractivos latinoamericanos para el aparato mediático de Moscú, especialmente teniendo en cuenta la oportunidad de mermar la influencia estadounidense en la región a través de estos dos medios de comunicación. Posteriormente, se procura detallar en qué medida Rusia ha venido utilizando estrategias de *soft* y *sharp power* dentro del territorio latinoamericano, tanto para promover su imagen cultural en el exterior, como para presentarse como la única nación aliada de la región, en detrimento de la menguante influencia norteamericana. En el siguiente apartado se explica la manera en la que el brote de la pandemia de COVID-19 ha favorecido la difusión de información engañosa dirigida a Latinoamérica como estrategia de *sharp power* para influir en la opinión pública denigrando la imagen estadounidense y promocionando la vacuna *Sputnik V* (desarrollada por científicos rusos) como alternativa a las infructuosas medidas restrictivas de Occidente. En última instancia, se ha establecido la importancia de la guerra de Ucrania como desencadenante de un incremento en las estrategias de desinformación de *RT* y *Sputnik* que, tras el veto europeo de sus contenidos, han encontrado en América Latina el panorama idóneo para actuar como portavoces del Kremlin.

Capítulo I. Aproximación conceptual y evolución de la desinformación rusa

1.1. El concepto de 'desinformación'

La irrupción de Internet y de las nuevas tecnologías en nuestras vidas cotidianas ha fomentado el auge de un mundo dominado por la interdependencia entre estados y el intercambio internacional de intereses. La globalización ha favorecido en gran medida la rapidez con la que se divulga y accede a la información; transformando por completo la forma en la que nos informamos. Si bien hasta hace no muchos años los periódicos, la televisión y la radio constituían los principales medios de comunicación utilizados por la ciudadanía, hoy en día estos medios han sido desplazados por las redes sociales (RR. SS.) y los periódicos digitales, que no solamente se han convertido en un nuevo medio de comunicación, sino en el más utilizado por la mayor parte de los ciudadanos.

Esta importante presencia de los medios digitales en nuestro día a día ha ocasionado tanto la desaparición de fronteras ideológicas y culturales, como una enorme accesibilidad a diferentes fuentes de información, lo cual puede llegar a desencadenar un constante bombardeo de información que propicia el desarrollo de una opinión pública cada vez más susceptible de manipulaciones políticas[1]. Los medios de comunicación han revolucionado un mundo que se encuentra inmerso en una esfera internacional cada vez más desafiante e incierta donde la democracia se está viendo notablemente debilitada. Como consecuencia, son muchos los gobiernos y clases políticas que han aprovechado esta influencia de los medios en favor de sus propios intereses o incluso para mejorar su reputación a través de métodos progresivamente más recurrentes como la desinformación.

El concepto de 'desinformación' tiene un papel cada vez más frecuente en el lenguaje político y periodístico, y puede definirse como "la difusión intencionada de información no rigurosa que busca minar la confianza pública, distorsionar los hechos, transmitir una determinada forma de percibir la realidad y explotar vulnerabilidades con el objetivo de desestabilizar"[2]. Se trata de una práctica cada vez más utilizada por gobiernos de clase autoritaria o con ciertas carencias democráticas que tratan de mantener engañada a la población menoscabando los valores democráticos en beneficio de sus intereses[3]. Lo que buscan es dominar los principales medios de comunicación de sus países para manipular a sus ciudadanos ocultando su naturaleza autoritaria y difundiendo información falsa que le atribuya algún tipo de reconocimiento o alabanza por parte de la población.

No obstante, cabe puntualizar algunos matices y diferencias entre los conceptos de 'desinformación', 'posverdad', 'propaganda' y *fake news*. A pesar de que estos términos están estrechamente relacionados, y de que, en muchos casos, van de la mano, es necesario que se distingan correctamente entre sí para llevar a cabo un estudio exhaustivo de los mecanismos de engaño que han gozado de cierta popularidad en el plano político e internacional durante los últimos años.

En primer lugar, el concepto de 'posverdad' se refiere a aquella información que busca conformar la opinión pública recurriendo a las emociones o creencias de la población, en lugar de fundamentarse en hechos objetivos. "Se puede considerar como sinónimo de materia emotiva, esto es, la distorsión deliberada de la realidad (...). Una realidad en la que (...) las referencias fácticas, tienen menos influencia que las apelaciones a las emociones y a las creencias personales"[4]. La 'propaganda', por su parte, es un concepto más amplio de carácter peyorativo que abarca diferentes técnicas de persuasión con el objetivo de influir en la opinión pública y promover una determinada imagen. Pizarroso la define como "un proceso de diseminación de ideas (...) con la finalidad de promover en el

---

1   COLOMINA, C. La desinformación de nueva generación. *Política Exterior* [en línea], 2019 [fecha de consulta 20 de febrero de 2023]. Disponible en https://www.politicaexterior.com/la-desinformacion-nueva-generacion/

2   OLMO Y ROMERO, J. Desinformación: concepto y perspectivas. *Real Instituto Elcano* [en línea]. 2019. [fecha de consulta 2 de marzo de 2023]. Disponible en https://www.realinstitutoelcano.org/analisis/desinformacion-concepto-y-perspectivas/

3   RODRÍGUEZ ANDRÉS, R. Fundamentos del concepto de desinformación como práctica manipuladora en la comunicación política y las relaciones internacionales. *Historia y Comunicación Social* [en línea], 2018. 23 (1). 231-244. [fecha de consulta 1 de marzo de 2023]. ISSNe: 1988-3056. DOI 10.3145/epi.2010.nov.01

4   OLMO Y ROMERO, op. cit., nota 3, pp. 1-2.

grupo al que se dirige los objetivos del emisor, no necesariamente favorables al receptor"[5]. Por tanto, podríamos decir que la desinformación podría considerarse una técnica de propaganda y, es necesario puntualizar, así pues, que "la propaganda no es siempre desinformación, mientras que la desinformación siempre es propaganda"[6]. Por último, podríamos definir las *fake news* como aquellas noticias que propagan información falsa que resulta muy difícil de diferenciar de una noticia verídica, es decir, aquellos "contenidos producidos con apariencia de informaciones periodísticas que, sin embargo, ni se procesan ni se distribuyen por los cauces convencionales del periodismo"[7].

Por tanto y como recapitulación del significado de estos conceptos, podemos concluir que el término 'posverdad' alude de forma genérica a la relativización de toda verdad justificando el uso de la manipulación y las mentiras como instrumentos necesarios para la protección de los intereses de la ciudadanía. Por otra parte, mientras la desinformación constituye una técnica de propaganda para persuadir a la opinión pública de algún hecho en concreto, las *fake news* son un tipo de desinformación, entre los que destacan otros como "la publicidad, los documentos falsificados (...) o páginas web manipuladas"[8] que se utilizan "tanto en la guerra como en entornos políticos, o de salud, entre otros"[9].

La Unión Europea (UE) y sus instituciones han tratado de poner en marcha varias medidas para combatir la desinformación por parte de estados autoritarios como Rusia, China o Venezuela, que además de suponer una amenaza para la estabilidad y el progreso de la ciudadanía, supone una violación del Derecho Internacional y las libertades fundamentales. El informe sobre injerencias extranjeras del Parlamento Europeo constata que regímenes como Rusia o China han utilizado en varias ocasiones diferentes técnicas de desinformación para librar una guerra híbrida con Occidente, desestabilizar a las sociedades occidentales y debilitar a sus homólogos democráticos[10]. Por consiguiente, la UE ha adoptado el *Plan de Acción 2020-2024 para los Derechos Humanos y la Democracia*[11], que incluye una serie de medidas para acabar con prácticas antidemocráticas en materia de desinformación, como la intimidación a periodistas, las amenazas a medios independientes o la vigilancia masiva de la opinión pública.

1.2. La dureza de la desinformación: del *soft* al *sharp power*

Uno de los Estados que más se ha servido de este tipo de prácticas a lo largo de la historia es la formalmente conocida como la Federación de Rusia, una de las grandes potencias mundiales, el país más extenso y uno de los más poblados del planeta. Rusia tiene una historia muy compleja repleta de conflictos y hostilidades con multitud de países y es considerado por muchos, el país más ofensivo del mundo en términos de poder. El régimen ruso se ha visto envuelto en varias prácticas de desinformación que han menoscabado la libertad de expresión y pensamiento. Si hay algo muy característico en el tipo de desinformación propagada actualmente por las autoridades rusas es su narrativa antioccidental. Rusia ha pasado de utilizar estrategias de *soft power* en el ámbito de la desinformación para promover su imagen en el exterior, a incrementar la dureza de esta desinformación a través de tácticas de *sharp power* con el objetivo de perjudicar a los países occidentales, quienes considera sus adversarios políticos en el ámbito internacional.

---

5   PIZARROSO QUINTERO, A. Justificando la guerra. Manipulación de la opinión pública en los conflictos más recientes. *Comunicación: Revista Internacional de Comunicación Audiovisual, Publicidad y Estudios Culturales* [en línea]. 2008. 1 (6), 3-19 [fecha de consulta 3 de marzo de 2023]. ISSN: 1695-6206.

6   Ibíd, p. 3.

7   BLANCO ALFONSO, I. et al. El impacto de las fake news en la investigación en Ciencias Sociales. *Revisión bibliográfica sistematizada. Historia y comunicación social* [en línea]. 2019. 24 (2), 449-469 [fecha de consulta 2 de marzo de 2023]. ISSN:-e: 1988-3056. DOI: https://dx.doi.org/10.5209/hics.66290

8   RODRÍGUEZ FERNÁNDEZ, L. Propaganda digital. *Comunicación en tiempos de desinformación.*
     1ª ed. Barcelona: Editorial UOC, 2021. ISBN: 978-84-9180-792-6.

9   Ibíd.

10   PARLAMENTO EUROPEO. Informe sobre las injerencias extranjeras en todos los procesos democráticos de la Unión Europea, en particular, la desinformación. *Unión Europea* [en línea], 2020 [fecha de consulta 12 de marzo de 2023] Disponible en https://www.europarl.europa.eu/doceo/document/A-9-2022-0022_ES.html

11   COMISIÓN EUROPEA. Plan de Acción de la UE para los Derechos Humanos y la Democracia 2020-2024. *Unión Europea.* [en línea], 2020 [fecha de consulta 12 de marzo de 2023]. Disponible en https://eur-lex.europa.eu/legal-content/ES/TXT/HTML/?uri=CELEX:52020JC0005

1.2.1. El concepto de 'soft power'

En este contexto, resulta fundamental comprender el concepto de *soft power* (poder blando) y su relación con las estrategias implementadas por Rusia. Este término fue acuñado por el geopolitólogo estadounidense Joseph Nye en su libro *Bound to Lead: the changing nature of American power,* y se refiere a la capacidad de un Estado para ejercer influencia en otros mediante medios no coercitivos como la difusión cultural, los valores o la diplomacia[12]. Esta noción pone de manifiesto la habilidad de un país para persuadir y moldear las percepciones y comportamientos de otros actores en el panorama internacional, estableciendo así una forma sutil pero poderosa de dominio.

Nye desarrolló este concepto contraponiéndolo al de 'hard power' (poder duro), "que consiste en modificar el comportamiento de otros Estados mediante el uso o la amenaza del poder militar o la presión económica"[13]. Cabe destacar que, mientras el 'soft power' busca persuadir a través de la "imagen de un país y de su sociedad, el alcance de su diplomacia, sus manifestaciones culturales o los valores políticos que defiende"[14], el 'hard power' pretende obligar a otros Estados a través de la coerción y de recursos militares, económicos o políticos para imponer la voluntad de un Estado sobre la de otros.

En este sentido, resulta innegable el papel que Rusia desempeña en el escenario mundial, siendo considerada una de las naciones más poderosas en términos de influencia y recursos. A pesar de que la reciente invasión de Ucrania ha tenido un impacto negativo en su reputación internacional, no se puede subestimar el peso de Rusia en la arena global. Su vasta reserva de recursos naturales le otorga un poder económico muy significativo. Su capacidad militar y su arsenal de armas de destrucción masiva también generan un factor de disuasión en las decisiones de Occidente. Además, Rusia sostiene una importante influencia geopolítica que contribuye a la proyección de su 'soft power' y a la promoción de sus intereses en diferentes regiones gracias a diversos factores como su posición geográfica estratégica o su presencia militar en diferentes regiones del mundo.

Lo cierto es que la Federación de Rusia se encuentra entre las 15 naciones más influyentes del mundo en términos de *soft power* ocupando el puesto número 13 del *Global Soft Power Index 2023,* por delante de otros estados democráticos como Bélgica o de importantes potencias emergentes como el gigante asiático chino[15]. No obstante, resulta preocupante que un Estado como Rusia, que se ha valido de diferentes tácticas autocráticas y ha llevado a cabo acciones invasivas como la ocurrida en Ucrania, mantenga tan considerable influencia en otros países. Esta paradoja plantea un gran desafío en el ámbito internacional, ya que se cuestiona cómo un Estado con una reputación controvertida y acciones agresivas puede mantener un nivel tan considerable de influencia en el escenario global. Esta influencia no solo se basa en sus recursos económicos y militares, sino también en su habilidad para aprovechar las vulnerabilidades de otros países. Una de las estrategias de *soft power* más habituales entre estados autocráticos, es el uso de la desinformación como herramienta para moldear la opinión pública y manipular diferentes narrativas en su beneficio. Moscú ha demostrado una maestría excepcional en el ámbito del *soft power* aprovechando el poder de la desinformación para condicionar la opinión pública tanto en el plano nacional como en el internacional.

Por un lado, la nación rusa ha desarrollado una desinformación doméstica dirigida a ciudadanos rusos que pretendía "(1) crear un sentimiento antioccidental en los rusos; (2) dividir la población en patriotas y traidores (para impedir la competencia política); (3) elevar la importancia de los *silovik*[16] porque velan por la seguridad del país (...); y (4) evitar cualquier cambio político y fortalecer el poder del presidente (...) y de un reducido grupo de personas cercanas a él"[17]. Por otra parte, Rusia también ha empleado la desinformación en el marco internacional

---

12 CASTELLANOS, R. ¿Qué es el poder blando? *El Orden Mundial* [en línea], 2020 [fecha de consulta: 5 de junio de 2023]. Disponible en https://elordenmundial.com/que-es-poder-blando-soft-power/

13 Ibíd.

14 Ibíd.

15 BRANDFINANCE. Global Soft Power Index 2023. *Brand Finance* [en línea], 2023 [fecha de consulta 29 de mayo de 2023]. Disponible en https://static.brandirectory.com/reports/brand-finance-soft-power-index-2023-digital.pdf

16 Término ruso que se refiere a aquellos políticos de Rusia que provienen de los servicios de inteligencia y constituyen una de las fuerzas principales del Kremlin y un gran apoyo para el presidente del gobierno.

17 MILOSEVICH-JUARISTI, M. El poder de la influencia rusa: la desinformación. *Real Instituto Elcano,* [en línea], 2017 [fecha de consulta 3 de junio de 2023]. Disponible en https://www.realinstitutoelcano.org/analisis/el-poder-de-la-influencia-rusa-la-desinformacion/

dirigiéndose tanto a ciudadanos del espacio postsoviético como a ciudadanos occidentales. Mientras en los primeros se trata de "crear un sentimiento de inseguridad entre las minorías rusas, y en consecuencia, justificar la necesidad de protegerles"[18], en los segundos se busca "propiciar una percepción distorsionada de la situación política en los países occidentales, crear confusión respecto a sus objetivos políticos, debilitar y desacreditar las instituciones democráticas y la alianza transatlántica y profundizar en la desunión de los países miembros de la UE para suavizar o cancelar las sanciones impuestas a Rusia por su intervención militar en Ucrania"[19].

Desde esta perspectiva, es indispensable mencionar que Rusia ha creado una serie de medios de comunicación estatales presentados como un "punto de vista alternativo", que se han encargado de divulgar ciertas narrativas favorables a Rusia para influir en la opinión pública de otros países[20]. Las RR. SS. también han jugado un papel muy relevante en el engranaje de la desinformación rusa. Bajo esta premisa, cabe mencionar la creación de *bots* y cuentas falsas por parte de los servicios de inteligencia rusos. Un caso ilustrativo podría ser el de un perfil de Twitter que comparte contenido a favor del Kremlin bajo el pseudónimo de 'Irina'. Mariluz Congosto explica que es muy probable que se trate de un perfil fabricado que no corresponda a una persona humana y que se encargue de difundir la propaganda emitida por el Kremlin[21].

La Embajada de Rusia en España también ha participado de forma directa en varias campañas de desinformación a través de sus RR. SS. defendiendo a capa y espada los intereses de Moscú. Se trata de una "forma de conseguir que los medios de comunicación locales informen sobre el mensaje del Kremlin, ya que procede de un funcionario del gobierno"[22]. A este respecto, cabe destacar una de las publicaciones realizadas por la Embajada de Rusia en su cuenta de Twitter, donde ha aprovechado la guerra de Ucrania para jactarse de Occidente a través de un vídeo en el que parecía estar animando a los ciudadanos occidentales a mudarse a Rusia destacando las ventajas que esto supondría a través de la burla y de la ironía: "Esto es Rusia. Gastronomía deliciosa, mujeres guapas, gas barato. (...) Una economía que puede soportar miles de sanciones. ¡Es hora de mudarte a Rusia! No te retrases... el invierno está llegando"[23].

Lo cierto es que Putin ha demostrado una habilidad excepcional a la hora de ganarse el apoyo popular de la ciudadanía rusa durante su mandato presidencial. El carácter autoritario del régimen implica que el gobierno tenga un control absoluto sobre los medios, lo que le permite utilizar la desinformación para mantener a la población rusa bajo su influencia. De esta forma, resulta muy complicado que los ciudadanos puedan acceder a otro tipo de información en un país donde los medios se rigen a favor de la clase dirigente y donde existe cierta censura sobre aquellos que se oponen al régimen. Ejemplo de ello podrían ser los casos de los periodistas Boris Berezovsky o Vladimir Gusinky, que han sido perseguidos y obligados a refugiarse en el exilio por el gobierno ruso[24].

1.2.2. El concepto de '*sharp power*'

El desarrollo digital que hemos experimentado durante las últimas décadas ha propiciado que nos hayamos adentrado en una era digital cuyos avances nos permiten mantenernos conectados con cualquier rincón del mundo en cualquier momento. Gracias a ello tenemos la posibilidad de encontrar cualquier tipo de información a tan solo

18   Ibíd.

19   Ibíd.

20   Ibíd.

21   DEL CASTILLO, C. Irina, el "perfil artificial" que trae la propaganda bélica del Kremlin a Twitter. *ElDiario.es* [en línea], 2022 [fecha de consulta 15 de abril de 2023] Disponible en https://www.eldiario.es/tecnologia/irina-perfil-artificial-trae-propaganda-belica-kremlin-twitter_1_8871393.html

22   KAHN, G. Bloqueada en Occidente, la propaganda rusa prospera en español en TV y redes sociales. *Reuters Institute for the Study of Journalism* [en línea] [s.f] [fecha de consulta 14 de abril de 2023]. Disponible en https://reutersinstitute.politics.ox.ac.uk/es/news/bloqueada-en-occidente-la-propaganda-rusa-prospera-en-espanol-en-tv-y-redes-sociales

23   EL MUNDO. El polémico vídeo de Rusia para que se muden al país: "Tenemos gas barato y mujeres bonitas". *Youtube*, [en línea], 2022 [fecha de consulta 16 de abril de 2023]. Disponible en https://www.youtube.com/watch?v=A68d-14O0-Y

24   SORROZA, R. Putin se mueve contra la prensa. *Revista Latinoamericana de comunicación Chasqui* [en línea]. 2003. 82, 34-37. [fecha de consulta 14 de abril de 2023]. ISSN: 13901079. Disponible en https://repositorio.flacsoandes.edu.ec/bitstream/10469/10661/1/REXTN-CH82-07-Sorroza.pdf

un clic de distancia, lo cual ha fomentado el uso de la información como herramienta de poder en las relaciones internacionales y, como consecuencia, el aumento de las guerras de información.

Si hay un concepto relacionado con las guerras de información que ha irrumpido con fuerza durante los últimos años y que plantea un gran desafío para la seguridad internacional es el de *sharp power* (poder afilado). Se trata de un término acuñado en 2017 "por los analistas Christopher Walker y Jessica Ludwig en un artículo de la revista *Foreign Affairs* para referirse a las guerras informativas lideradas por potencias iliberales"[25]. El concepto de *sharp power* podría definirse como una herramienta de política exterior llevada a cabo por regímenes con tendencias autocráticas, especialmente por la Federación de Rusia y la República Popular de China, cuyo principal objetivo consiste en erosionar los sistemas democráticos de Occidente para conseguir sus propios intereses[26]. El *sharp power* puede entenderse en cierta medida como una combinación de algunos elementos del *soft* y del *hard power*, ya que utiliza técnicas de persuasión y atracción características del primero para moldear la opinión pública a través de tácticas coercitivas y de presión, que son más comunes en el segundo, sin llegar a utilizar el poder militar. Sin embargo, existen ciertas características que lo diferencian de estos dos términos y que es necesario puntualizar para tener una visión perspicaz de estos tres conceptos que pueden llegar a confundirse entre sí.

A diferencia del *soft power*, que busca persuadir y atraer a través de la cultura, los valores o la diplomacia, el *sharp power* pretende menoscabar la estabilidad de otros actores internacionales a través de tácticas de desinformación más agresivas como los ataques cibernéticos, la manipulación a través de RR. SS. o la interferencia en procesos electorales de otros países[27]. Mientras en el caso del *soft power*, la desinformación se utiliza como una táctica para influir en la opinión pública y promover una imagen positiva del país emisor, en el caso del *sharp power*, el uso de estrategias de desinformación busca sembrar la discordia, desestabilizar y socavar la confianza en las instituciones democráticas de un determinado país o grupo de países. Por otra parte, a pesar de que las estrategias de *hard power* procuran ejercer influencia a través de la coerción, estas se enfocan en la superioridad militar y económica, mientras que las estrategias de *sharp power* se basan en el manejo de la información para perjudicar la estabilidad democrática.

Tampoco debemos confundir el concepto de *sharp power* con el de *smart power*. A pesar de que ambos pueden entenderse como una amalgama entre elementos del *hard* y del *soft power*, la diferencia radica en que el *smart power* combina herramientas del *soft* y del *hard power* complementando el poder coercitivo con la persuasión para no generar resistencia y promover la cooperación[28]. Por otro lado, el *sharp power* utiliza un enfoque más encubierto que busca perjudicar al enemigo a través del manejo de la información, pero sin llegar a utilizar medios militares, lo cual no quiere decir que las repercusiones de la desinformación sean menos perjudiciales que las utilizadas en el ámbito militar, especialmente en los tiempos que corren actualmente.

Durante los últimos años, han sido dos los estados a los que más se les ha atribuido el uso de estrategias de *sharp power* en el ámbito internacional: la Federación de Rusia y la República Popular de China. No es coincidencia ninguna que ambos sean estados autocráticos en los que no exista libertad de prensa y donde, tanto la información que circula entre los ciudadanos como la opinión pública, sean controladas por el gobierno de turno. En el presente trabajo de investigación nos enfocaremos en el *sharp power* ruso, que en el actual contexto internacional constituye todo un desafío para la estabilidad y continuidad de muchas instituciones democráticas que imperan en Occidente, especialmente en Estados Unidos (EE. UU.) y Europa. Ya en varias ocasiones, el presidente ruso acusó a Occidente de ser el eterno enemigo de Rusia, algo que ha tenido muy presente a la hora de proyectar sus estrategias de política exterior.

---

25 MOURELLE, D. Al filo del *sharp power*. *El Orden Mundial* [en línea], 2018 [fecha de consulta 5 de junio de 2023]. Disponible en https://elordenmundial.com/al-filo-del-sharp-power/

26 MARTÍNEZ, D. The current perspective on sharp power. *Revista electrónica de estudios internacionales* [en línea]. 2021, n°42 [fecha de consulta 6 de junio de 2023]. ISSN-e 1697-5197. Disponible en https://dialnet.unirioja.es/servlet/articulo?codigo=8202335

27 LÓPEZ, B. Análisis de poder: el *sharp power*. *El Foco* [en línea], 2021, 4 [fecha de consulta 9 de junio de 2023] ISSN 2697-0317. Disponible en https://www.fei.o.rg.es/wp-content/uploads/2021/05/EL-FOCO-N4.pdf

28 VILLAMIZAR, F. Smart power y la política exterior de la República Popular de China hacia América Latina y El Caribe. *Revista Enfoques* [en línea], 2012, Vol. X, n°17 [fecha de consulta 12 de mayo de 2023] Disponible en http://www.revistaenfoques.cl/index.php/revista-uno/article/view/64

Un caso ilustrativo del uso del *sharp power* por parte del gobierno de Putin ha sido la propagación de desinformación relacionada con la enfermedad del COVID-19. El contexto de incertidumbre y crisis sanitaria global provocado por la pandemia del COVID-19 no fue desperdiciado por el Kremlin. En este contexto, la maquinaria de desinformación de Moscú se ha encargado de propagar información falsa con el objetivo de perjudicar a Occidente en un momento de debilidad. Al principio de la pandemia, los medios de comunicación rusos comenzaron a difundir narrativas conspirativas que atribuían la creación del virus a EE. UU. en un laboratorio de la OTAN (Organización del Tratado del Atlántico Norte) para utilizarlo como arma contra China[29]. Moscú también arremetió contra las vacunas creadas por EE. UU. y la UE alentando a grupos negacionistas de la enfermedad para "inducir a la desconfianza en las autoridades nacionales y europeas, y los sistemas de salud, las instituciones internacionales y expertos científicos"[30]. La UE reaccionó publicando un informe en el que destaca que "se está llevando a cabo una importante campaña de desinformación por parte de los medios de comunicación estatales rusos y los medios pro-Kremlin en relación con el COVID-19"[31] diseñada específicamente para "exacerbar la confusión, el pánico y el miedo, y para evitar que la gente acceda a información fiable sobre el virus y las disposiciones de seguridad pública"[32].

Teniendo en cuenta esto, podemos concluir que los medios de comunicación rusos se han convertido en vehículos de desinformación exitosos que no parece que vayan a desaparecer del mapa de la política exterior rusa. A pesar de que la desinformación propagada por el Kremlin ha sido utilizada como estrategia de *soft power* para promover una imagen positiva de Rusia en el exterior, lo cierto es que las narrativas difundidas por Rusia han sido más efectivas cuando han sido utilizadas como tácticas de *sharp power*. Es verdad que la reputación de Rusia en el ámbito internacional durante el mandato de Putin no se ha visto muy beneficiada, especialmente desde la anexión de Crimea. No obstante, el éxito de su desinformación ha radicado especialmente en la utilización tanto del *smart* como del *sharp power*.

Como ya hemos mencionado, Rusia se ha valido del *sharp power* al realizar campañas de desinformación con el mero objetivo de debilitar y perjudicar a Occidente. Pero también su poder económico y militar le ha servido para ejercer presión a través del *hard power* con diferentes operaciones como la reciente invasión del territorio ucraniano. Lo que está claro es que el poder de Rusia le permite utilizar una combinación de estrategias para difundir su desinformación de manera efectiva. El Kremlin ha sacado partido de su influencia en la prensa y en las RR. SS., de su poder económico y de su capacidad militar para mantenerse como uno de los actores más relevantes del panorama internacional demostrando una habilidad sin precedentes para manipular la opinión pública y menoscabar la seguridad de sus enemigos.

1.3. Contexto histórico de la desinformación rusa

La Federación de Rusia es uno de los regímenes más acusados de haber llevado a cabo esta clase de prácticas manipuladoras. De hecho, Rusia ha sido clasificada en el puesto 155 de 180 del informe sobre la libertad de prensa de 2022 llevado a cabo por Reporteros Sin Fronteras, por detrás incluso de países como Azerbaiyán o Tayikistán[33]. En un país donde los medios de comunicación se rigen a favor de la clase dirigente y donde existe una estricta censura sobre aquellos que se mantienen críticos al régimen, resulta muy difícil que la propia población obtenga los recursos necesarios para revelarse en contra de su presidente. Si los medios de comunicación ya tienen una importante influencia en los ciudadanos de sociedades democráticas y liberales, su repercusión es mucho mayor en aquellos territorios autoritarios en los que no existe ninguna posibilidad que no sea la de respaldar y defender al gobierno de manera absoluta e incondicional.

---

29 MILOSEVICH-JUARISTI, M. ¿Por qué hay que analizar y comprender las campañas de desinformación de China y Rusia sobre el COVID-19? *Real Instituto Elcano*, [en línea], 2020 [fecha de consulta 19 de junio de 2023]. Disponible en https://www.realinstitutoelcano.org/analisis/por-que-hay-que-analizar-y-comprender-las-campanas-de-desinformacion-de-china-y-rusia-sobre-el-covid-19/

30 IRIARTE, D. Bulos, aviones y el fin de la Unión Europea: la propaganda de Putin golpea donde duele. *El Confidencial* [en línea], 2020 [fecha de consulta 19 de junio de 2023]. Disponible en https://www.elconfidencial.com/mundo/2020-04-03/rusia-union-europea-propaganda-putin_2531351/

31 MILOSEVICH-JUARISTI, op. cit., nota 29, p. 4.

32 Ibíd.

33 REPORTEROS SIN FRONTERAS. Clasificación mundial de la libertad de prensa 2022. *Reporteros sin Fronteras* [en línea], 2022 [fecha de consulta 12 de marzo de 2023]. Disponible en https://www.rsf-es.org/clasificacion-2022-tabla-de-paises/

Sin embargo, la desinformación rusa no se trata de una técnica que haya salido a la luz con el gobierno de Vladímir Putin, sino que sus orígenes se remontan a la época de la Rusia zarista. A partir de entonces, los sucesivos gobiernos rusos han tratado de manejar la opinión pública a su antojo mediante una serie de mecanismos como la creación de diversos cuerpos de policía secreta o la difusión de propaganda y narrativas engañosas.

1.3.1. La Rusia zarista y la Ojrana

El Imperio ruso fue un Estado gobernado por un régimen zarista regido por la dinastía Románov durante casi 200 años, desde mediados del siglo XVIII hasta los comienzos de la Revolución rusa en 1917 y la caída de Nicolás II, el último zar de Rusia[34]. Es durante esta época cuando el gobierno ruso comienza a poner en práctica diferentes estrategias de manipulación para difamar cualquier indicio de resistencia hacia el régimen o ensalzar la figura del zar. En este sentido, cabe destacar la labor llevada a cabo por la Ojrana (del ruso, *Ojránnoyie otdeléniye*), la policía secreta zarista del momento y la pionera de una posterior serie de cuerpos policiales que destacaron por su habilidad para la vigilancia, el espionaje y la inteligencia internacional, entre los que tuvieron especial importancia la Checa, el Directorio Político Unificado del Estado (OGPU). el Comisariado del Pueblo para Asuntos Internos (NKVD) y el Comité para la Seguridad del Estado (KGB).

El zar Nicolás I ordenó la creación de la Ojrana a finales del siglo XIX[35] para neutralizar a las fuerzas revolucionarias, comunistas y anarquistas; mantener controlada a la población y eliminar todo lo que supusiera una amenaza para la continuidad del régimen. Aleskéi T. Vasíliev, el último director de la Ojrana, ha escrito sus memorias tratando de favorecer la imagen negativa del pueblo ruso hacia esta organización. Vasíliev manifiesta que "el cometido de la Policía secreta (...) consistía en averiguar y echar por tierra todos los movimientos dirigidos contra el Estado"[36] y afirma lo siguiente intentando justificar las acciones policiales llevadas a cabo por la Ojrana: "¡Cuanto de misterioso, enigmático y horrible veía el pueblo ruso en la denominación 'Departamento de Policía'! (...) Mucha gente creía seriamente que (...) las infortunadas víctimas de la Ojrana eran trasladadas al sótano (...) para ser allí torturadas"[37]. Vasíliev asegura que esas conspiraciones carecían de fundamento y que la Ojrana no cometió ninguna atrocidad de las que ha sido acusada, sino que todas sus acciones han sido estrictamente legales[38].

Uno de los hitos propagandísticos más conocidos de la Ojrana fue la publicación de *Los Protocolos de los Sabios de Sion,* un libelo publicado en 1903 en el que se deformaban "las ideas de gobernanza internacional popularizadas durante aquella época para presentar su triunfo como una distopía antisemita"[39] y en el que se detallan los planes de una supuesta "conspiración judía de control mundial a partir de la masonería y el comunismo y que buscaba inculcar el odio y resentimiento en contra de esta comunidad y justificar los pogromos"[40]. Además de influir en la matanza de judíos que tuvo lugar durante la Revolución rusa, también alcanzó una importante repercusión en países como Alemania, donde los nazis hallaron en este texto una legitimación de su discurso antisemita para justificar las atrocidades que cometieron contra la comunidad judía[41].

La Ojrana llevó a cabo esta serie de prácticas propagandísticas con el mero fin de alterar la realidad a favor de sus intereses políticos. Uno de sus agentes más destacados fue Pyotr Rachkovsky, jefe de la sección exterior de

---

34   ABEL, G. M. Nicolás II, el último zar de Rusia. *National Geographic* [en línea], 2022 [fecha de consulta 28 de febrero de 2023]. Disponible en https://historia.nationalgeographic.com.es/a/nicolas-ii-ultimo-zar-rusia_15812

35   MONTAGUT, E. La policía política zarista. *Nueva Tribuna* [en línea], 2016 [fecha de consulta 18 de febrero de 2023]. Disponible en https://www.nuevatribuna.es/articulo/historia/policia-politica-zarista/20160515192036128356.html

36   VASÍLIEV, A.T. Ochrana. Memorias del último director de la policía rusa. 1ª Edición. Madrid: Espasa-Calpe, 1930.

37   Ibíd.

38   Ibíd.

39   TAMAMES, J. Moscú en la red: la nueva injerencia rusa. *El Orden Mundial* [en línea], 2018 [fecha de consulta 18 de febrero de 2023]. Disponible en https://elordenmundial.com/moscu-en-la-red-la-nueva-injerencia-rusa/

40   ROMERO-RODRÍGUEZ, L. M. *Pragmática de la desinformación: Estratagemas e incidencia de la calidad informativa de los medios* [en línea]. Tesis doctoral inédita, Universidad de Huelva, 2014. [fecha de consulta 12 de marzo de 2023]. Disponible en https://www.doctorado-comunicacion.es/ficheros/doctorandos/H6.pdf

41   GIMÉNEZ CHUECA, I. 'Los protocolos de los sabios de Sion', la mentira que no muere. *La Vanguardia* [en línea] 2021 [fecha de consulta 12 de marzo de 2023]. Disponible en https://www.lavanguardia.com/historiayvida/historia-contemporanea/20210218/6250329/protocolos-sabios-sion-antisemitismo.html

la Ojrana[42], que se encargó de planificar las acciones de la Ojrana para provocar *complots* e influir en la política internacional y derrotar a los movimientos revolucionarios rusos que buscaban el derrocamiento de la monarquía rusa autocrática[43], como el grupo nihilista *Naródnaya Volia* (que significa 'Voluntad del pueblo'), conocido por perpetuar el asesinato del zar Alejandro II en 1881.

La Ojrana también llevó a cabo operaciones fuera del Imperio, concretamente en Francia, desde donde pudo atraer a los líderes disidentes a Rusia y asesinarlos. También cultivó agentes de influencia en Europa para manejar las percepciones de Rusia en el exterior, algo que expresó el escritor francés Marquis de Custine[44] cuando publicó un diario de viaje titulado *Rusia en 1839*. Un propagandista ruso lo caracterizó como un tejido de errores, inexactitudes, mentiras, calumnias y ofensas en recompensa por la hospitalidad[45]. Aunque la Ojrana consiguió derrumbar muchos movimientos revolucionarios en Europa, no fue capaz de hacer lo mismo con los bolcheviques, que iniciaron una revolución en 1917 y proclamaron la República Socialista Federativa Soviética de Rusia.

1.3.2. La revolución rusa y la Checa

La Revolución rusa de 1917 liderada por el Partido Bolchevique provocó la abdicación del zar Nicolás II y el consecuente cambio de régimen con la instauración de una república socialista dirigida por Vladimir Illich Uliánov, más comúnmente conocido como Lenin. Durante la Revolución rusa y en los años previos, el Partido Bolchevique también llevó a cabo una serie de campañas propagandísticas para el adoctrinamiento de masas. De hecho, el movimiento bolchevique se inspiró en *El Manifiesto del Partido Comunista*[46], de Karl Marx y Friedrich Engels, un texto propagandístico que defiende el fin del capitalismo y el establecimiento de una sociedad basada en el socialismo.

Ya en su obra ¿Qué hacer?,[47] Lenin expone que más que una herramienta informativa, la prensa debe considerarse un arma propagandística y una herramienta del gobierno para la lucha política. Para el mandatario soviético, los periódicos constituían instrumentos de propaganda y de agitación cuya función consistía en la organización de las masas para conseguir los objetivos del Partido y atraer al mayor número posible de simpatizantes. Los periodistas debían ser profesionales entregados y comprometidos con el partido, ateniéndose a respaldar la postura ideológica y las líneas de acción del gobierno[48].

Es de especial relevancia mencionar el *Decreto sobre la prensa* de 1917[49], a través del cual se decide abolir la prensa burguesa y establece que la libertad de prensa quedaría sometida a la representación de las organizaciones políticas existentes. Por lo tanto, la actividad de los medios de comunicación en la Unión Soviética (URSS) estaría controlada por el gobierno y debería buscar la consolidación del poder bolchevique a través de la manipulación de la opinión pública. De esta forma, el Kremlin "impuso el monopolio estatal sobre cualquier tipo de publicaciones, lo que de inmediato convirtió a la prensa en una institución dependiente del Estado"[50]. Cualquier crítica al gobierno se consideraba ilegal y se podía censurar cualquier publicación responsable del aumento de prácticas contrarrevolucionarias que menoscabasen la imagen y el papel del Estado

---

[42]   GREGORIO GONZÁLEZ, M. Breve historia de la iniquidad. *Diario de Sevilla* [en línea], 2018 [fecha de consulta 18 de febrero de 2023]. Disponible en https://www.diariodesevilla.es/ocio/Breve-historia-iniquidad_0_433157258.html

[43]   SCHOEN, F. & LAMB, C. J. Deception, Disinformation, and Strategic Communications: How One Interagency Group Made a Major Difference. *Strategic Perspectives* [en línea]. 2012, No.11 [fecha de consulta 24 de marzo 2023] ISSN 0081-6493. Disponible en https://ndupress.ndu.edu/portals/68/documents/stratperspective/inss/strategic-perspectives-11.pdf

[44]   Íbid.

[45]   Íbid.

[46]   UTOPIX. Lenin sobre el papel de la propaganda en la lucha de clases. *Utopix* [en línea], 2020 [fecha de consulta 18 de febrero de 2023]. Disponible en https://utopix.cc/columnas/lenin-sobre-el-papel-de-la-propaganda-en-la-lucha-de-clases/

[47]   LENIN, V.I. ¿Qué hacer? *Marxists Internet Archive* [en línea], 2000 [fecha de consulta 29 de marzo de 2023]. Disponible en https://www.marxists.org/espanol/lenin/obras/1900s/quehacer/index.htm

[48]   ETCHALECO, H. E. Agitación y propaganda. Los medios de comunicación masiva en la Unión Soviética. *Universidad de Tucumán* [en línea], 2007 [fecha de consulta 28 de marzo de 2023]. Disponible en https://cdsa.aacademica.org/000-108/858.pdf

[49]   Ibíd.

[50]   Ibíd.

Después de la Revolución bolchevique surge un nuevo concepto que tendrá una gran importancia para la historia de la desinformación soviética: el *'agitprop'*, término formado a partir de las palabras rusas para 'agitación' y 'propaganda' (*'aguitátsii i 'propagandy'*), que eran utilizadas para denominar el 'Departamento de Agitación y Propaganda' que pertenecía al Partido Comunista de la URSS (PCUS)[51]. De todas formas, por aquel entonces los términos 'agitación' y 'propaganda' no tenían el significado peyorativo que tienen hoy. La propaganda suponía la información de los logros, las medidas políticas y la situación del gobierno soviético.

No obstante, la asimilación de estos mensajes explicativos no estaba al alcance de la mayor parte de los ciudadanos. Es por eso que surge la agitación, que consistía en la simplificación del mensaje político a través de una estrategia emocional que implicase una mayor expresividad para llegar a las masas de forma más efectiva, ya fuese a través del discurso oral o del uso de la imagen. En '¿Qué hacer?', Lenin explica las diferencias entre ambos términos subrayando que mientras el propagandista comunica tantas ideas que todas en conjunto solamente podrán ser asimiladas por unas pocas personas, el agitador centra sus esfuerzos en inculcar una sola idea que despierte ciertas emociones en el público[52].

El *'agitprop'* era una nueva técnica de desinformación que consistía en la utilización del arte, la literatura y otros medios para tergiversar la opinión pública. "La estrategia de Agitprop se basaba en establecer por todo el país unos centros dedicados a organizar planes de propaganda y agitación que recibían el nombre de *agitpunkty*"[53] y que "contaban con bibliotecas, aulas, cantinas y salas de teatro y cine[54]". El uso de carteles cobró especial relevancia, pues suponía una forma innovadora de comunicación en la que se apreciaba mayor expresividad a través de imágenes y eslóganes que captaban la atención del público.

---

51 BALADO GARCÍA, C. El impuesto de la banca y el uso del agitprop. *Cinco días* [en línea], 2022 [fecha de consulta 18 de febrero de 2023]. Disponible en https://cincodias.elpais.com/cincodias/2022/08/23/opinion/1661251016_903690.html

52 LENIN, op. cit., nota 47.

53 COLL, J. Agitprop: agitación para mantenerse unidos. *SEIS60* [en línea], 2018 [fecha de consulta 12 de febrero de 2023] Disponible en https://seis60.com/agitprop-agitacion-para-mantenerse-unidos/

54 Ibíd.

Ilustración 1. Cartel de Vladímir Mayakovsky. "¿Quieres vencer el frío? ¿Quieres vencer el hambre? ¿Quieres comer? ¿Quieres beber? ¡Date prisa y únete a las brigadas de choque del trabajo ejemplar!"

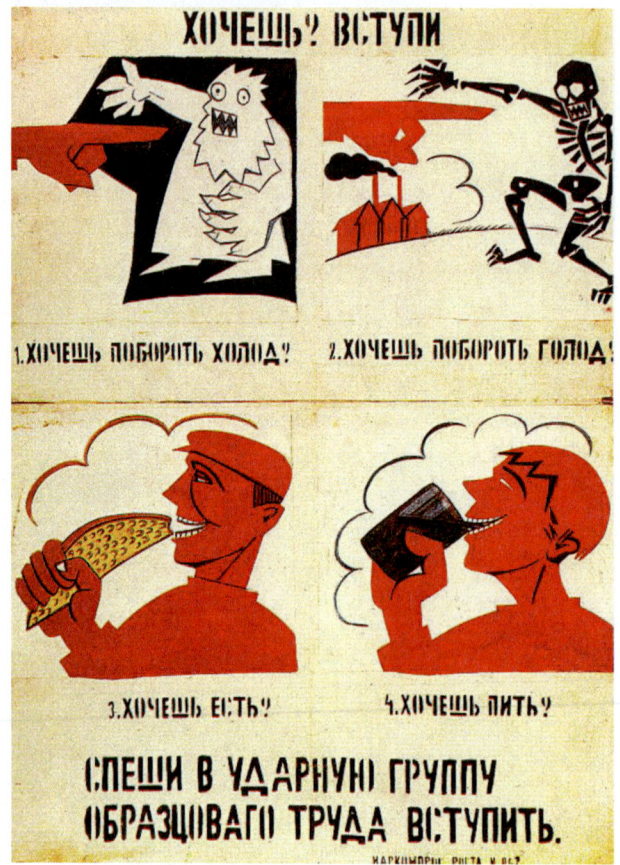

Fuente: SEIS60. Agitprop: agitación para mantenerse unidos. SEIS60 [en línea], 2018 [fecha de consulta 12 de febrero de 2023] Disponible en https://seis60.com/agitprop-agitacion-para-mantenerse-unidos/

En la década de 1920, los dos periódicos que controlaban la información que se transmitía eran *Pravda* –portavoz del Partido Comunista y que se convertiría en el primer diario de masas– e *Izvestia* –diario oficial del Estado soviético–. *Pravda* supuso la herramienta idónea para llevar a cabo una agitación política y liquidar a los adversarios del gobierno[55].

Lenin supo cómo utilizar la fuerza de la propaganda para llegar a los ciudadanos rusos considerando que "para hacer la revolución hay que convencer, 'persuadir' al pueblo de las ideas revolucionarias, sentando las bases de la comunicación persuasiva"[56]. Lenin utiliza la propaganda para difundir su ideología e implicar al pueblo ruso en la Revolución, y supo conectar sus emociones con una realidad en la que reinaba el hambre y la miseria[57].

---

55   ETCHALECO, op. cit., nota 48.

56   ARRIBAS, F. & BARBERÁ, R. La Revolución Bolchevique: los orígenes de la propaganda y la manipulación de la opinión pública. *Historia y Comunicación Social* [en línea]. 23(1), 2018. [fecha de consulta 24 de marzo de 2023]. ISSN-e 1988-3056. DOI http://dx.doi.org/10.5209/HICS.59832. Disponible en https://revistas.ucm.es/index.php/HICS/article/view/59832/4564456546910

57   Ibíd.

Ilustración 2. ¡Golpead a los blancos con la cuña roja! Representación de la lucha entre los Guardias Blancos anti-bolcheviques y los bolcheviques a través de formas geométricas

Fuente: CALVO SANTOS, M. Golpead a los blancos con la cuña roja. Historia Arte [en línea], 2017 [fecha de consulta 12 de febrero de 2023]. Disponible en https://historia-arte.com/obras/golpead-a-los-blancos-con-la-cuna-roja

En 1917 se crea la organización de policía secreta que sucedería a la Ojrana, la Comisión Extraordinaria para la Lucha contra la Contrarrevolución y Sabotaje de Toda Rusia, conocida como la 'Checa'[58] (siglas de *Vserossíyskaya Chrezvycháinaya Komíssiya)*. Esta organización aplicó muchas técnicas que utilizaba la Ojrana para hacer frente a los opositores del comunismo que amenazaban la continuidad de Lenin en el poder.

---

58 BBC. Cómo operaba la "Checa", la cruel policía secreta bolchevique responsable de instaurar el "Terror Rojo" en Rusia. *BBC News,* 2022 [en línea]. [fecha de consulta 24 de marzo de 2023]. Disponible en https://www.bbc.com/mundo/noticias-internacional-60833154

Ilustración 3. Pancarta de 1918 que reza: "Muerte a los burgueses y a sus ayudantes. ¡Viva el terror rojo!"

Fuente: AGITPROPARCHIVE. Pancarta de 1918 en Petrogrado que reza: "Muerte a los burgueses y sus ayudantes. Viva el terror rojo". Twitter [en línea], 2020 [fecha de consulta 14 de febrero de 2023]. Disponible en https://twitter.com/AgitPropArchive/status/1215240050075754496

Entre 1917 y 1923 se produjo una Guerra Civil en Rusia entre el gobierno bolchevique y su Ejército Rojo y los antiguos militares del ejército zarista agrupados en el 'Movimiento Blanco'[59]. Durante esta época, el gobierno bolchevique también se encargó de utilizar la propaganda como arma de guerra contra su adversario para posicionar a la opinión pública a su favor e involucrar a la población en la guerra.

Ilustración 4. Mientras se alejan del Ejército Rojo, los guardias blancos queman el pan

Fuente: RUSSIA BEYOND. 15 carteles que muestran el odio durante la guerra civil en Rusia. Russia Beyond [en línea], 2018 [fecha de consulta 14 de febrero de 2023]. Disponible en https://es.rbth.com/historia/82053-carteles-odio-guerrra-civil-rusia

El papel de la Checa durante esta guerra civil fue crucial, ya que fue la principal fuerza de represión y la responsable de instaurar el famoso 'Terror Rojo' en las calles de Rusia llevando a cabo miles de ejecuciones y detenciones contra aquellos que estaban en contra de los bolcheviques. No obstante, cuando terminó la guerra, la Checa fue reestructurada y pasaría a ser conocida como el OGPU (Directorio Político Unificado del Estado)[60].

---

59   Ibíd.

60   Ibíd.

1.3.3. La URSS, el OGPU y el NKVD

El OGPU (por sus siglas, *Obyediniónnoye gosudárstvennoye politícheskoye upravléniye)* se fundó en 1923 como respuesta a la necesidad de un órgano policial unificado que garantizase la seguridad en toda la nueva Unión. Tras la Guerra Civil rusa, miles de ciudadanos anticomunistas se vieron obligados a refugiarse en el exilio. Muchos soñaban con restaurar la monarquía en Rusia y editaban sus propias publicaciones difundiendo su ideología, algo que no terminaba de convencer a los dirigentes bolcheviques, quienes veían en el extranjero una fuerte amenaza para el sistema socialista de la URSS. Como consecuencia, los bolcheviques pusieron en marcha la famosa *Operación Trust,* la labor de desinformación más conocida llevada a cabo por la Checa y, posteriormente por el OGPU. Esta operación se basó fundamentalmente en el establecimiento de una falsa 'Organización Monárquica de Rusia Central' (*MOTsR,* por sus siglas en ruso) liderada por Yakushev, que se encargaba tanto de enviar información engañosa a los exiliados monárquicos y a las organizaciones monárquicas occidentales, como de localizar a los enemigos del gobierno para detenerlos[61].

En 1922 Yakushev viajó a Berlín para mantener una reunión con el Consejo Monárquico Supremo con el objetivo de ganarse su confianza, aumentar la credibilidad entre los rusos emigrados y transmitirles que en la URSS existía todo un movimiento anticomunista que deseaba una monarquía regida por el gran duque Nicolás Nikoláyevich[62]. El viaje fue todo un éxito y Yakushev consiguió fortalecer la confianza de muchos líderes emigrados que veían en él un atisbo de esperanza para la restauración del Imperio ruso.

Otra de las acciones más conocidas llevadas a cabo a través de esta operación consistió en engañar a los servicios de inteligencia occidentales sobre la capacidad militar de la URSS, que todavía era muy débil, para evitar una intervención militar. Los bolcheviques sospechaban "que espías estonios interceptaban las cartas que Yakushev enviaba al Consejo Supremo"[63]. Por tanto, se encargaron de incluir información falsa "sobre el potencial militar de la URSS, para así mantener a sus enemigos extranjeros a raya"[64].

La *Operación Trust* también entrañaba la creación de una oficina dedicada a la *dezinformatsiya* (término ideado por Féliz Dzerzhinsky, fundador de la Checa, y que significa 'desinformación') a través de la cual transmitían un volumen considerable de información engañosa mediante la elaboración de actas falsas del Politburó, "memorandos e informes militares engañosos para exagerar la capacidad soviética"[65].

Las acciones de la MOTsR también estaban destinadas a capturar y ejecutar a todo aquel que supusiera una amenaza para el régimen de Lenin. Un ejemplo de ello es la ejecución de Sydney Reilly, un exagente de los servicios secretos británicos cuyas aspiraciones implicaban el derrocamiento del régimen. La MOTsR consiguió atraerle a la URSS para acabar ejecutándolo. Como consecuencia, empezaron a surgir ciertos rumores de que la MOTsR estaba controlada por el gobierno y su credibilidad fue deteriorándose. Los servicios de inteligencia polacos destaparon muchas de las intenciones de la organización tras descubrir que les había enviado información para confundirles[66].

Finalmente, el OGPU se incorporó en 1934 a una nueva organización policial, el NKVD (por sus siglas, *Naródny komissariat vnútrennij*), que estuvo vigente hasta 1954, año de la creación de su sucesor, el KGB. El NKVD tampoco se quedó atrás en lo que atañe a diferentes prácticas de desinformación. De hecho, este órgano "creó una oficina

61   CONTRERAS SAURA, E. Un paseo por la historia de la desinformación: la Operación Confianza. *Atalayar. Las claves del mundo en tus manos,* 2022 [en línea]. [fecha de consulta 25 de marzo de 2023]. Disponible en https://atalayar.com/blog/un-paseo-por-la-historia-de-la-desinformaci%C3%B3n-la-operaci%C3%B3n-confianza

62   RID, T. Desinformación y guerra política. *La Silla Rota* [en línea], 2022 [fecha de consulta 25 de marzo de 2023]. Disponible en https://lasillarota.com/opinion/adelantos-editoriales/2021/12/11/desinformacion-guerra-politica-thomas-rid-360268.html

63   CONTRERAS, op. cit., nota 61.

64   CONTRERAS, op. cit., nota 61.

65   RID, op. cit., nota 62.

66   LÓPEZ SÁNCHEZ, G. La masiva maniobra de espionaje que permitió el nacimiento de la URSS. *ABC,* [en línea], 2014 [fecha de consulta 26 de marzo de 2023]. Disponible en https://www.abc.es/archivo-historia-abc/20141201/abci-operacion-confianza-cheka-urss-201411301734.html

específica para coordinar la desinformación soviética, un conjunto de actividades que englobaban (…) la distorsión de hechos y propagación de rumores"[67].

Uno de los episodios de desinformación más controvertidos realizado por el NKVD fue la autoría de la espeluznante masacre de Katin, que conllevó el asesinato de miles de ciudadanos polacos al comienzo de la Segunda Guerra Mundial. El excomisario del NKVD, Lavrenti Beria, envió una carta dirigida al entonces líder de la URSS, Iósif Stalin, en la que calificaba a los polacos como los "permanentes e incorregibles enemigos del poder soviético[68]" y proponía fusilar a los prisioneros militares polacos. Posteriormente, Stalin, daría su consentimiento firmando dicho documento. Después de que se descubrieran las fosas comunes en las que habían sido enterrados los cuerpos, el régimen soviético respondió lanzando "una campaña (…) de desinformación: al datar la masacre en 1941, le endosó la autoría a la Wehrmacht, que entonces ya había ocupado la zona", lo cual fue (…) silenciado por Occidente para no irritar la relación con la URSS[69].

La visión estalinista de la información era muy similar a la de Lenin y consideraba a los medios de comunicación como armas de guerra política. Con Stalin, el diario *'Pravda'* volvió a recobrar la fuerza que había conseguido con Lenin, y tanto él como sus colaboradores más cercanos revisaban con detalle la información antes de ser publicada. Tras la muerte de Stalin, Lavrenti Beria (su mano derecha) fue ejecutado por Nikita Kruschev, que se convertiría en el posterior dirigente de la URSS y que ordenaría reorganizar y reestructurar la policía secreta fundando el Comité de la Seguridad Estatal[70], el KGB (por sus siglas en ruso, *Komitet Gosudarstvennoi Bezopasnosti*).

1.3.4. La Guerra Fría y el KGB

Cuando termina la Segunda Guerra Mundial, dos de las potencias ganadoras –EE. UU. y la URSS– comienzan a ganar cada vez más influencia en el plano internacional, llegando a constituir un mundo bipolar en el que ambas compiten en un conflicto indirecto para conseguir la hegemonía global. Este conflicto es lo que hoy en día conocemos como la 'Guerra Fría', un conflicto basado en diferencias políticas e ideológicas que se inició en 1947 y terminó en 1991, con la desintegración de la URSS en diferentes repúblicas. Durante esta época, ambas naciones lanzan diferentes campañas de desinformación para desprestigiar a la otra parte y ensalzar a sus respectivos líderes políticos.

El nacimiento del KGB jugaría un papel muy relevante durante la Guerra Fría, tanto en la recopilación de información como en la ejecución de varias operaciones de espionaje. Al igual que sus predecesores, el KGB también se ocupó de lanzar diferentes campañas de desinformación para mantener controlada a la población rusa. En 1967 el KGB pasó a estar dirigido por Yuri Andrópov, que, posteriormente, llegaría a ser Secretario General del PCUS. Durante su época como director del KGB, la *dezinformatsiya* soviética logró su mayor alcance a través de las famosas 'medidas activas'[71].

Estas medidas abarcaban una serie de prácticas fraudulentas como la "desinformación (…), los esfuerzos por controlar la prensa en países extranjeros, la utilización de los partidos comunistas (…), las emisiones clandestinas de radio, el chantaje personal (…) y las operaciones de influencia política"[72].

67 COLOM PIELLA, G. Anatomía de la desinformación rusa. *Historia y Comunicación Social*, 2019 [en línea]. [fecha de consulta 26 de marzo de 2023]. ISSN 1137-0734. DOI http://dx.doi.org/10.5209/hics.63373. Disponible en https://revistas.ucm.es/index.php/HICS/article/view/63373/4564456554965

68 SADURNÍ, J. M. La masacre del bosque de Katyn. *National Geographic* [en línea], 2020 [fecha de consulta 27 de marzo de 2023]. Disponible en https://historia.nationalgeographic.com.es/a/masacre-bosque-katyn_15327

69 REBÓN, M. Un crimen sin castigo. *El País* [en línea], 2020 [fecha de consulta 25 de marzo de 2023]. Disponible en https://elpais.com/cultura/2020/04/07/babelia/1586275860_042227.html

70 ARMADA, J. ¿Cómo nació el KGB? *La Vanguardia* [en línea], 2017 [fecha de consulta 26 de marzo de 2023]. Disponible en https://www.lavanguardia.com/historiayvida/historia-contemporanea/20171013/47314359441/como-nacio-el-kgb.html

71 QUIÑONES DE LA IGLESIA, F. J. Desinformación y subversión (2.0): las técnicas de la Guerra Fría reaparecen en el dominio informativo del siglo XXI. *Instituto Español de Estudios Estratégicos* [en línea], 2021 [fecha de consulta 19 de febrero de 2023]. Disponible en https://www.ieee.es/Galerias/fichero/docs_marco/2021/DIEEEM12_2021_FRAQUI_Desinformacion.pdf

72 UNITED STATES DEPARTMENT OF STATE, Bureau of Public Affairs. Soviet Active Measures and Propaganda, 1986-87. *United States Department of State* [en línea], 1981, Special Report No 88. [fecha de consulta 25 de marzo de 2023]. Disponible en https://www.hsdl.org/?view&did=807615

Ilustración 5. La difusión de desinformación como subconjunto de 'medidas activas'

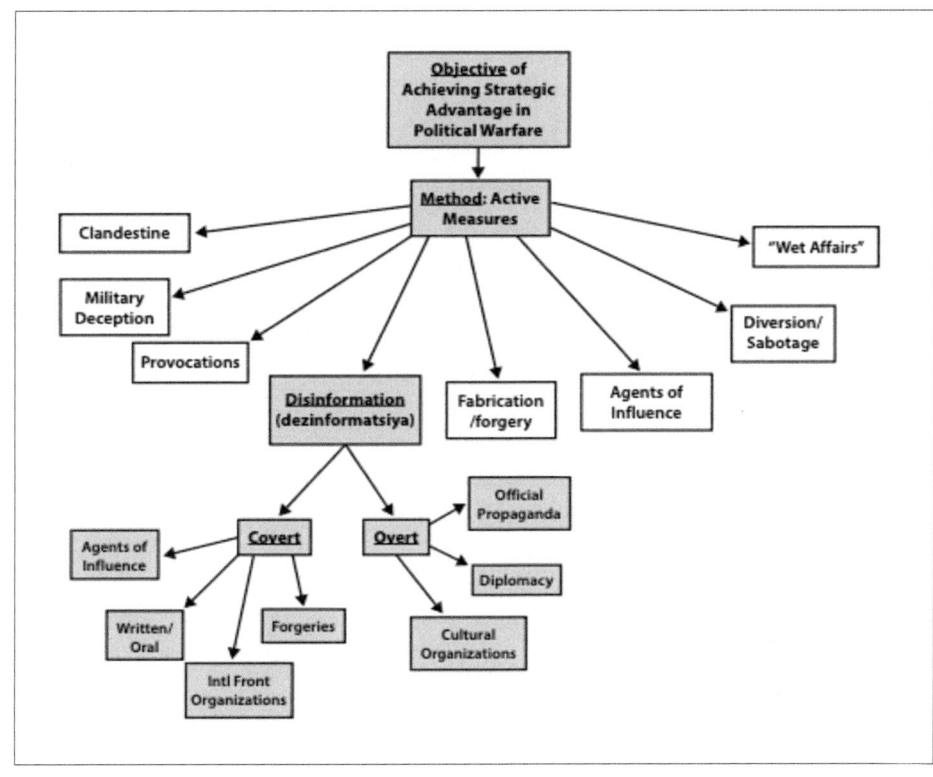

Fuente: AJIR, M. & VAILLIANT, B. Russian Information Warfare: Implications for Deterrence Theory. Strategic Studies Quarterly [en línea], 2018 [fecha de consulta 15 de febrero de 2023]. Disponible en https://www.airuniversity.af.edu/Portals/10/SSQ/documents/Volume-12_Issue-3/Ajir.pdf

Un ex general del KGB que dirigió algunas operaciones del Kremlin en EE.UU., Oleg Kalugin, describió las medidas activas en una entrevista con la *Cable News Network* (CNN) como "el corazón y alma de la inteligencia soviética. No era la recolección de inteligencia, sino la subversión: medidas activas para debilitar a Occidente, para impulsar la separación de alianzas de la comunidad occidental de todo tipo, particularmente la OTAN, para sembrar la discordia entre aliados, para debilitar a EE. UU. (...) y (...) preparar el terreno en caso de que la guerra realmente ocurra"[73].

Una de las operaciones más polémicas realizadas por el KGB fue la *Operación Denver* en la década de 1980, que tenía el objetivo de difundir que el VIH había sido creado por EE. UU. "en un laboratorio en Fort Detrick para ser utilizado contra otras poblaciones, como pueblos africanos y comunidades afroestadounidenses LGTB+ en EE. UU[74]". Esta información fue publicada en un artículo titulado *'AIDS may invade India'* en *The Patriot*, un diario indio pro-soviético creado por el KGB para difundir información engañosa y propagandística[75].

Desde entonces, esta información ha sido difundida por los medios soviéticos para culpabilizar a EE.UU.; generar un sentimiento antiestadounidense (...) reforzar las (...) acusaciones (...) sobre las actividades de guerra biológica llevadas a cabo por EE.UU; contrarrestar los informes estadounidenses sobre violaciones soviéticas del Protocolo de Ginebra sobre Armas Químicas de 1925 y la Convención de Armas Biológicas de 1972; socavar los acuerdos de defensa de EE.UU. con países aliados, (...); y desinteresar a los (...) soviéticos de cualquier contacto con EE.

---

73   MAHAIRAS, A. & DVILYANSKI, M. Disinformation –   (Dezinformatsiya). *The Cyber Defense Review Vol. 3, No. 3 (FALL 2018), pp. 21-28 Published by: Army Cyber Institute* [en línea]. [fecha de consulta 27 de marzo de 2023]. Disponible en https://www.jstor.org/stable/pdf/26554993.pdf

74   PAREDES, N. Operación Denver: la campaña de desinformación de la KGB para hacer creer que el VIH/sida fue inventado por EE.UU. (y sus letales consecuencias). *BBC News* [en línea], 2020 [fecha de consulta 25 de marzo de 2023]. Disponible en https://www.bbc.com/mundo/noticias-internacional-54088146

75   Véase anexo I.

UU. (...)[76]. El KGB también intentó expandir esta información por otros países europeos. Una prueba de ello es el telegrama enviado al Comité de Seguridad de Bulgaria en 1985 que afirmaba lo siguiente:

"Estamos llevando a cabo una serie de medidas [activas] en relación con la aparición (...) en Estados Unidos de una (...) peligrosa enfermedad, el (...) SIDA..., y su posterior propagación (...) en otros países (...). El objetivo (...) es crear una opinión favorable a nosotros en el exterior de que esta enfermedad es el resultado de experimentos (...) con un nuevo tipo de arma biológica por parte de los servicios (...) de Estados Unidos (...) que se salieron de control"[77].

Los soviéticos han aprovechado cada posibilidad de debilidad estadounidense utilizando la propaganda y la desinformación como herramientas para denigrar la imagen de EE. UU. en diferentes medios de comunicación nacionales e internacionales. Como ejemplo, se puede destacar el hecho de que la URSS se haya encargado de difundir que EE. UU. proporcionó armas químicas a los muyahidines y a Corea del Sur durante la guerra de Corea. Resulta desconcertante que mientras la URSS se encargaba de propagar este tipo de información, hayan salido a la luz varios informes que alegan que la URSS desarrolló agentes biológicos violando la Convención de 1972 sobre armas bacteriológicas[78].

Otra forma muy utilizada por el Kremlin para difundir desinformación consistía en la falsificación de documentos oficiales como el NSC-68 (documento escrito por el gobierno de EE. UU. durante la Guerra Fría que recoge sus objetivos en materia de seguridad nacional) y un informe sobre una declaración del Secretario de Defensa, Caspar Weinberger. Ambas falsificaciones pretenden menoscabar la imagen de EE. UU. en la opinión pública europea expresando el anhelo estadounidense por dominar a sus aliados de la OTAN y alcanzar la superioridad militar sobre la URSS[79].

Durante la Guerra Fría, el Kremlin desarrolló otro método de extorsión, el 'kompromat', una técnica chantajista que consiste en recopilar información comprometedora sobre alguien para ejercer presión sobre él. El caso de John Vassal, un agregado naval británico en Moscú durante la década de 1950, es un ejemplo idóneo de este tipo de prácticas. Vassal fue fotografiado con una pareja del mismo sexo, lo cual fue utilizado por el KGB para forzarle a convertirse en uno de los espías más célebres del KGB en Gran Bretaña[80].

Después de la Guerra Fría se produjo un intento fallido de golpe de Estado por parte de Vladímir Kriuchkow –el director del KGB en aquella época– para derrocar al entonces presidente Mijal Gorbachov, que pondría fin al monopolio de la prensa a través de una serie de reformas conocidas con el nombre de 'glásnost', que buscaban una mayor transparencia y democratización. Esto supuso un rebajamiento del control político y una liberalización de la prensa que facilitaron el declive del Estado dada la mayor publicidad de los opositores al régimen[81]. Finalmente, el KGB fue disuelto y dos años después, se fundó el Servicio Federal de Seguridad (el actual servicio de seguridad nacional), que, desde aquel momento, pasó a encargarse de las mismas cuestiones que su predecesor.

---

76   UNITED STATES DEPARTMENT OF STATE. A Report on Active Measures and Propaganda, 1986-87. *United States Department of State* [en línea], 1987 [fecha de consulta 25 de marzo de 2023]. Disponible en https://www.globalsecurity.org/intell/library/reports/1987/soviet-influence-activities-1987.pdf

77   COMITÉ PARA LA SEGURIDAD DEL ESTADO DE LA UNIÓN SOVIÉTICA (KGB). KGB, Information Nr. 2955 [to Bulgarian State Security]. *Wilson Center* [en línea], 1985 [fecha de consulta 28 de marzo de 2023]. Disponible en https://digitalarchive.wilsoncenter.org/document/kgb-information-nr-2955-bulgarian-state-security

78   UNITED STATES DEPARTMENT OF STATE. "A report on Active Measures Propaganda", loc. cit, nota 76, p. 33.

79   Ibíd.

80   EL PERIÓDICO. El 'kompromat', versión rusa del chantaje por relaciones sentimentales. *El Periódico* [en línea], 2017 [fecha de consulta 28 de marzo de 2023]. Disponible en https://www.elperiodico.com/es/internacional/20170112/el-kompromat-version-rusa-del-chantaje-5738884

81   VILLAMUERA, J. ¿Qué fue la glásnost? *El Orden Mundial* [en línea], 2021 [fecha de consulta 28 de marzo de 2023]. Disponible en https://elordenmundial.com/que-fue-glasnost/#google_vignette

Capítulo II: La desinformación rusa contemporánea

2.1. La desinformación en la era de Putin

El actual régimen ruso, dirigido por Vladímir Vladímirovich Putin, también ha continuado fomentando y desarrollando estas prácticas de desinformación y propaganda iniciadas por sus predecesores desde hace ya más de un siglo. Con el desarrollo de las nuevas tecnologías y el uso masivo de RR. SS., el Kremlin lo ha tenido cada vez más fácil para publicar y propagar información tergiversada. La hostilidad hacia Europa y las reticentes relaciones con EE. UU. han fomentado que el régimen de Putin haya continuado utilizando los medios de comunicación a su antojo, coartando a la ciudadanía y consiguiendo mantenerse en el poder durante todo lo que llevamos de siglo.

Cabe mencionar que antes de ser presidente de Rusia, el actual dirigente ruso formó parte de la red de espías del KGB, agencia en la que probablemente se convirtió en todo un profesional de la *intelligentsia* rusa y aprendió las destrezas que hoy aplica sobre el pueblo ruso. Tras una década en la que fue acercándose a importantes figuras políticas rusas como Boris Yeltsin, Putin consigue uno de sus mayores logros en su carrera política: ocupar el trono de la presidencia rusa.

La desinformación constituye uno de los pilares fundamentales sobre los que se sustenta el régimen ruso y uno de sus métodos más utilizados son las anteriormente mencionadas 'medidas activas' que surgieron hace ya más de un siglo y que siguen siendo puestas en práctica por las élites políticas rusas. La llegada de Internet y el desarrollo tecnológico han permitido que su alcance se haya incrementado de una manera exponencial. Además, cabe destacar que "en la actualidad Moscú dispone de medios y plataformas multilingües con fuerte presencia en línea y segmentadas por audiencias tipo (desde la agencia *TASS* o *Russia Beyond* a los populares *Sputnik* o *RT)*"[82], que pueden llegar a actuar como herramientas de *soft* y *sharp power* en la política exterior del Kremlin para impulsar la imagen de Rusia como superpotencia global dentro del contexto internacional.

Asimismo, el mundo digital que persiste en nuestro día a día ha permitido que el Kremlin adapte sus técnicas manipulativas a los avances tecnológicos del siglo XXI para hacer más efectiva sus campañas de desinformación en la guerra híbrida que Rusia libra con Europa y EE. UU. Un ejemplo podrían ser los numerosos ataques cibernéticos que el régimen ha lanzado en contra de países occidentales como EE. UU. En las elecciones presidenciales norteamericanas de 2016, los *hackers* rusos, en colaboración con la organización mediática *Wikileaks* obtuvieron una serie de correos electrónicos "que revelaban el trato que el Partido Demócrata infligía al otro candidato en las primarias, Bernie Sanders"[83]. Esta interferencia tenía el objetivo de denigrar la imagen de Hillary Clinton y ayudar al Partido Republicano, que acabaría ganando las elecciones al mando de Donald Trump.

La libertad de expresión en Rusia es un tema que ha generado gran controversia en el ámbito internacional, y existen varias sospechas de asesinatos a personas que se manifestaban abiertamente en contra del régimen de Putin. Es de especial relevancia el caso de Borís Nemtsov, un líder opositor ruso que fue asesinado en 2015. La llamada *Operación Nemtsov* también ha sido objeto de desinformación por parte de los medios de comunicación rusos.

Diferentes medios como *RT* han hecho todo lo posible para despolitizar el asesinato del opositor ruso[84] y ocultar la responsabilidad de la muerte de Nemtsov. Según un documento interno titulado '*Asignaciones para Savushkina 22*', los *trolls* de la Agencia de Investigación de Internet recibieron directrices para difundir el asesinato de Nemtsov. En este sentido, Ludmila Savchuk, una activista de Internet que se había infiltrado en la Agencia de Investigación de Internet, expresó lo siguiente:

---

82   COLOM PIELLA, op. cit,, nota 67, p. 476.

83   MILOSEVICH-JUARISTI, op. cit, nota 17, p. 5.

84   TER, M. & DE PEDRO, N. "OPERACIÓN NEMTSOV": desinformación, confusión y algunas hipótesis inquietantes. *CIDOB*, [en línea], 2015 [fecha de consulta 27 de marzo de 2023]. Disponible en https://www.cidob.org/es/publicaciones/serie_de_publicacion/opinion/europa/operacion_nemtsov_desinformacion_confusion_y_algunas_hipotesis_inquietantes

"Querían que difundiésemos especulaciones de que Nemtsov podría haber sido quien orquestó su propio asesinato. Que fueron los ucranianos quienes lo mataron. O que la culpa fue de la oposición, y lo hicieron solo para hacer quedar mal al gobierno ruso[85]."

No obstante, si hay un caso que merece especial mención y es de gran actualidad es el de la guerra de Ucrania iniciada en febrero de 2022. El 24 de febrero de 2022 Rusia decide invadir Ucrania bajo el pretexto de que la expansión hacia Europa del Este tanto de la OTAN como de la UE suponen una grave amenaza para la seguridad y estabilidad rusas. También utilizaron la excusa de que el gobierno ucraniano era un gobierno neonazi y que la misión de Rusia en Ucrania consistía en desnazificar el país[86] y liberar a los ciudadanos de habla rusa que estaban sometidos a una gran represión por parte del gobierno ucraniano. Sin embargo, lo cierto es que el régimen lanzó varias campañas de desinformación con un fin último: derrocar al actual gobierno ucraniano e instaurar un gobierno títere como el de Bielorrusia que se rigiera por las directrices de Moscú.

Resulta evidente que la intensificación del uso de la desinformación como arma de guerra para alterar la opinión pública occidental ha marcado un punto de inflexión significativo, especialmente a raíz de las elecciones de 2016 en EE. UU. y el proceso del Brexit. A partir de estos dos sucesos, hemos ido observando un aumento preocupante en los esfuerzos de algunos estados para publicar información errónea con el objetivo de modificar la percepción de los ciudadanos y de desestabilizar las instituciones democráticas. Cabe destacar que, en muchos casos, estos intentos de desinformación han logrado tener un impacto bastante significativo en la polarización de la sociedad y han llegado a tener una repercusión muy grande en ciertos resultados políticos.

Como conclusión y recapitulación de este epígrafe, podemos destacar que la desinformación rusa ha constituido desde la época zarista uno de los ejes sobre los que gira la esencia del régimen, y parece que en los próximos años esta línea seguirá manteniéndose. Sin embargo, las técnicas de desinformación han ido adaptándose a la evolución de la sociedad y con el auge de las RR. SS. y de Internet, el Kremlin ha ido mejorando y desarrollando sus prácticas engañosas para mantener controlada la opinión pública rusa y difundir un mensaje que ha ocupado la agenda de la política exterior de Putin: la UE y la OTAN constituyen organizaciones obsoletas que pretenden librar una guerra contra Moscú expandiéndose hacia las fronteras de Rusia.

2.2. *RT* y *Sputnik* como brazos mediáticos del Kremlin

Existen varios medios de comunicación rusos que han sido objeto de controversia y debate por su estrecha vinculación con los entresijos de la maquinaria de desinformación creada y difundida por el Kremlin. Sin embargo, si hay dos medios que han acaparado los titulares de la prensa occidental por sus numerosas maniobras de manipulación y sus lazos con Putin, son la cadena de televisión *RT* (anteriormente conocida como *Russia Today*) y la agencia de noticias *Sputnik*, ambos controlados y financiados por la administración rusa. Estos dos medios de difusión funcionan como brazos mediáticos del Kremlin que pertenecen a todo un ecosistema de desinformación controlado y manejado por las élites rusas[87]. "Dicho ecosistema consta de cinco pilares principales entre los que destacan: 1) comunicaciones oficiales del gobierno; 2) mensajes globales financiados por el Estado; 3) facilitación de fuentes subsidiarias; 4) uso de las redes sociales como arma; y 5) desinformación cibernética"[88].

RT y *Sputnik* ocupan un rol muy relevante en este ecosistema, ya que funcionan como "medios de comunicación financiados por el Estado que propagan narrativas del Kremlin a audiencias extranjeras"[89]. A pesar de que sus nombres parecen haber salido a la luz tras la invasión rusa de Ucrania de 2022, lo cierto es que tanto *RT* como

---

85 GLOBAL ENGAGEMENT CENTER. Spinning Nemtosv's Murder and Attempted Murders of Navalny and Skripal. Global Engagement Center, 2021 [en línea] [fecha de consulta 29 de marzo de 2023]. Disponible en https://e.america.gov/t/ViewEmail/i/0B93A366709ABDE82540EF23F 30FEDED

86 TRANSPARENCIA VENEZUELA. Rusia y Venezuela, aliados para desinformar. *Transparencia Venezuela* [en línea], 2022 [fecha de consulta 14 de junio de 2023]. Disponible en https://transparenciave.org/rusia-y-venezuela-aliados-para-desinformar/

87 Véase anexo II.

88 GLOBAL ENGAGEMENT CENTER. Medios financiados por el Kremlin: el papel de RT y Sputnik en el ecosistema de desinformación y propaganda de Rusia. *Departamento de Estado de EE. UU* [en línea], 2022 [fecha de consulta 18 de mayo de 2023]. Disponible en https://www.state.gov/wp-content/uploads/2022/03/Kremlin-Funded-Media_Spanish_March-07_508.pdf

89 Ibíd.

Sputnik ya eran bien conocidos anteriormente por importantes políticos e instituciones internacionales debido a sus estratégicas labores de desinformación y propaganda. De hecho, ya en el año 2017, el presidente francés Emmanuel Macron sostenía una rueda de prensa conjunta con Putin en la que calificaba a estos dos medios como "órganos de influencia y propaganda" que se dedicaban a difundir mentiras y que no podrían ser equiparados con otros medios de comunicación serios e independientes[90]. Actualmente, estos dos medios producen contenido dirigido a una audiencia internacional con la mera finalidad de "prestar apoyo a los objetivos de política exterior del Kremlin mediante acciones de desinformación y propaganda"[91].

2.2.1. *RT* y el liderazgo de Margarita Simonián

RT constituye un conocido grupo de comunicación con gran presencia en RR. SS. que ofrece contenido digital disponible en varios idiomas como el árabe, el inglés, el español, el francés, el alemán o el ruso[92], para alcanzar una audiencia internacional lo más amplia posible. Su objetivo consiste en alcanzar una audiencia global y diversa a través de la publicación de contenido multilingüe –para facilitar el acceso a personas de diferentes lugares o culturas–, y también a través de su presencia en diferentes canales, especialmente tras la llegada de las RR. SS. a nuestro día a día.

Este medio de difusión "fue fundado en 2005 como parte de una iniciativa de diplomacia pública más amplia del Kremlin para mejorar la imagen internacional de Rusia tras la consternación por su representación negativa en los medios occidentales desde el final de la Guerra Fría"[93]. Tras el colapso de la URSS y el final de la Guerra Fría, Rusia pasó de ser una de las dos superpotencias que gobernaban el mundo a enfrentarse con importantes desafíos económicos, políticos y sociales que supusieron un debilitamiento del país y una pérdida de influencia enorme en el ámbito internacional. Por lo tanto, la creación de un canal como *RT* que estuviese controlado por las autoridades rusas constituía una oportunidad perfecta para "impulsar la percepción cultural de Rusia en el extranjero"[94].

Esto permitió a Rusia tener una mayor presencia en la esfera internacional y desafiar las narrativas dominantes presentando su propia visión del mundo. La jefa redactora de este canal y uno de los rostros de la desinformación rusa, Margarita Simonián, declaró en una entrevista que *RT* buscaba difundir el punto de vista ruso sobre los asuntos internacionales adhiriéndose al mismo modelo que utilizaban otros medios internacionales como la *CNN*, *Euronews* o la *BBC*[95]. No obstante, la falta de transparencia y objetividad de sus narrativas han demostrado que esta cadena de televisión ha optado por ceñirse a la narrativa del Kremlin posicionándose así, como un medio de comunicación totalmente dependiente de la administración rusa que está muy lejos de parecerse a otros medios de comunicación independientes como los mencionados por Simonián.

Además, la propia Margarita Simonián ha demostrado en varias ocasiones su notorio interés en retransmitir la visión y los intereses de la cúpula política rusa. En una entrevista, la periodista equiparó públicamente "la importancia de *RT* para Rusia con la necesidad de disponer de un Ministerio de Defensa" y afirmó que *RT* dispone de las herramientas necesarias para librar una guerra contra Occidente utilizando la información como arma para conquistar audiencia y aprovecharse de ella en momentos críticos[96]. El propio eslogan de *RT* 'Pregunte más' se proyectó en esta dirección, aparentando ser un medio de comunicación que cuestiona la perspectiva de otros

---

90 MACRON, E. Macron slams RT, Sputnik news as 'lying propaganda' at Putin press conference. En: *Youtube* [video en línea]. Publicado por *France 24 English* el 30 de mayo de 2017 [fecha de consulta 28 de abril de 2023]. Disponible en https://www.youtube.com/watch?v=gT9sl4Cm3sQ

91 GLOBAL ENGAGEMENT CENTER, op. cit., nota 88.

92 GONZÁLEZ CERULLI, L. F. ¿Por qué la injerencia de China y Rusia en América Latina es más que poder blando? Mejor hablemos de 'sharp power'. *Centro para el Estudio de las sociedades abiertas.* [en línea], 2023 [fecha de consulta 19 de mayo de 2023]. Disponible en https://cescos. org/hablemos-de-sharp-power/

93 RICHTER, M. The Kremlin's Platform for 'Useful Idiots' in the West: An Overview of RT's Editorial Strategy and Evidence of Impact. *Kremlin Watch Report* [en línea], 2017 [fecha de consulta 10 de mayo de 2023]. Disponible en https://web.archive.org/web/20180323084559/http:/ www.europeanvalues.net/wp-content/uploads/2017/09/Overview-of-RTs-Editorial-Strategy-and-Evidence-of-Impact-1.pdf

94 Ibíd.

95 Ibíd.

96 EUvsDisinfo. Las armas del engaño del Kremlin: siete cosas que debes saber sobre RT y Sputnik. *EuvsDisinfo* [en línea], 2022 [fecha de consulta 17 de abril de 2023]. Disponible en https://euvsdisinfo.eu/es/las-armas-del-engano-del-kremlin-siete-cosas-que-debes-saber-sobre-rt-y-sputnik/

medios brindando otros puntos de vista sobre temas de actualidad y familiarizando a la audiencia internacional con la posición rusa[97].

La periodista rusa también ha manifestado abiertamente que la censura y el control de la libertad de expresión son necesarios para el desarrollo de una gran nación mencionando el caso de China como ejemplo ilustrativo[98]. A pesar de tratar de camuflarse tras el disfraz de un medio de comunicación transparente, independiente y legítimo, *RT* ha hecho ostensibles sus intenciones y valores autocráticos actuando como un manejable mensajero del presidente ruso. De hecho, el propio Putin ha reconocido públicamente[99] que, al tratarse de un medio financiado por el gobierno, es inevitable que refleje la posición oficial del gobierno ruso sobre los acontecimientos que ocurren tanto dentro como fuera del país.

A pesar de nacer con la intención de promulgar una imagen positiva de Rusia en el exterior, *RT* ha ido transformando su enfoque con el objetivo de cuestionar los valores y la agenda política de Occidente. En este sentido, cabe destacar que, según un estudio llevado a cabo por la Universidad de Oxford en el que se entrevistó a 23 periodistas que habían trabajado o trabajaban en aquel momento en *RT*, la guerra entre Rusia y Georgia de 2008 supuso un punto de inflexión que llevó al gobierno ruso a utilizar *RT* como arma para servir sus intereses políticos a través de la desinformación. Asimismo, esta cadena televisiva contrataba a periodistas sin apenas experiencia y con menos probabilidades de oponerse a ciertas decisiones editoriales para moldear su forma de trabajar y que produjeran el tipo de noticias que se buscaban[100].

RT constituye un reflejo de la transición de la política exterior formulada por Putin. Si bien la cadena de televisión surge como una iniciativa de *soft power* ideada por las autoridades rusas para fomentar la imagen cultural del país en el exterior, su propósito ha ido cambiando a la par que Rusia se iba transformando en un país cada vez más agresivo y conflictivo. Con el paso de los años, la Rusia de Vladímir Putin ha ido introduciendo cada vez más hostilidades hacia los países occidentales, lo cual se ha visto traducido en diferentes campañas de desinformación promulgadas por medios como *RT*, que han pasado de publicar contenido cultural como estrategia de *soft power* a utilizar la desinformación como estrategia de *sharp power* para debilitar a Occidente y difundir narrativas desfavorables a las políticas llevadas a cabo por sus instituciones.

2.2.2. *Sputnik* y su clan de periodistas afines al Kremlin

A pesar de tener un menor impacto mediático en la esfera internacional debido a su menor interacción con la opinión pública, *Sputnik* tampoco se ha quedado atrás en lo que concierne a la divulgación de desinformación y la malevolencia contra Occidente o aquellos estados que se opongan al relato del Kremlin. *Sputnik* es una agencia de noticias fundada en 2014 que surge como "iniciativa de *Rossiya Segodnya*, una agencia internacional de noticias creada (...) para reestructurar los medios de comunicación estatales rusos. *Sputnik* administra emisiones de radio, sitios web y canales de redes sociales en más de 30 idiomas"[101]. Este nuevo medio de comunicación vino a complementar las campañas de desinformación que ya se estaban llevando a cabo en *Russia Today* desde que comenzó la guerra ruso-georgiana, puesto que ambos buscaban dar a conocer la narrativa política rusa entre públicos con diferentes contextos culturales e ideológicos.

Uno de sus ex corresponsales en la Casa Blanca, Andrew Feinberg, describió cómo era su día a día cuando trabajaba en esta agencia y denunció públicamente la falta de libertad de expresión a la que se someten los periodistas que trabajan para *Sputnik*. Feinberg declaró en un artículo para la revista *Político Magazine*, que mientras trabajaba en *Sputnik*, sus supervisores debían darle el visto bueno a las preguntas que tenía planeado plantearle al secretario

97   GLOBAL ENGAGEMENT CENTER, op. cit., nota 88.

98   SIMONIÁN, M. Meanwhile on Russian state TV: head of RT Margarita Simonyan remembers her days as a proud pioneer drummer, demands less freedom, more censorship—just like China or the USSR. *Twitter: @JuliaDavisNews* [en línea], 2022 [fecha de consulta 19 de mayo de 2023]. Disponible en https://twitter.com/juliadavisnews/status/1514339222118883334?lang=en

99   PUTIN, V. Putin talks NSA, Syria, Iran, drones in RT interview. En: *Youtube* [vídeo en línea]. Publicado el 12 de enero de 2014 por *WorldNews* [fecha de consulta 14 de mayo de 2023]. Disponible en https://www.youtube.com/watch?v=PD6k-ceyGlA

100 ELSWAH, M. & HOWARD, N. P. "Anything that causes chaos": The organizational behavior of Russia Today (RT). *Journal of Communication* [en línea], 2020, Vol. 70 (5). 623-645 [fecha de consulta 18 de mayo de 2023]. Disponible en https://academic.oup.com/joc/article/70/5/623/5912109

101 GLOBAL ENGAGEMENT CENTER, op. cit., nota 88.

de prensa de la Casa Blanca, y, en muchas ocasiones, eran modificadas por sus supervisores para que fueran en la misma línea que las políticas de Rusia, lo cual supone un grave detrimento de la libertad de prensa.

Ilustración 6. Tweet de Andrew Feinberg tras abandonar su puesto en Sputnik[102]

Fuente: FEINBERG, A. My life at a Russian propaganda network. Politico Magazine [en línea], 2017 [fecha de consulta 23 de mayo de 2023]. Disponible en https://www.politico.com/magazine/story/2017/08/21/russian-propaganda-sputnik-reporter-215511/

A pesar del alto grado de opacidad y de la poca transparencia de la que consta la estructura jerárquica y organizativa de *Sputnik,* es evidente que sus altos directivos mantienen estrechos vínculos con el Kremlin y con otros medios de desinformación rusos. Su propio redactor jefe, Anton Anisimov, trabajó previamente en *RT,* y Margarita Simonián, jefa de redacción en *RT,* también ostenta el mismo cargo en la agencia que controla *Sputnik, Rossiya Segodnya.* Por tanto, "el hecho de que determinadas personas parecen trabajar para más de un medio a la vez, y de rotar de una organización a otra, indica la existencia de una conexión, al menos en lo que respecta al personal"[103], lo cual no parece muy descabellado si tenemos en cuenta que estos medios se encuentran integrados en toda una red desinformativa que controlan las altas élites rusas.

El propio jefe de redacción de *Sputnik,* Anton Anisimov, declaró durante una formación para jóvenes periodistas, que cualquiera que quiera trabajar en *Sputnik* debe asegurarse de que sus creencias e ideología concuerdan con lo que se hace desde la agencia y que, de lo contrario, experimentarían un conflicto interno por trabajar en algo que ellos mismos no creen[104]. De esta manera, Anisimov, al igual que Simonián, pone en evidencia la intención de *Sputnik* de mantener satisfechas a las grandes autoridades rusas sin tener en consideración derechos fundamentales como la libertad de expresión de la que deberían gozar todos los periodistas, sin importar el medio de comunicación para el que trabajen.

Por ende, además de tener un bajo nivel de transparencia, *Sputnik* mantiene estrechas conexiones con el Kremlin y otros medios estatales que evidencian una falta de independencia editorial y una marcada influencia política sobre el contenido que difunde la agencia. Además, es importante tener en cuenta que *Sputnik,* junto con otros medios de comunicación como *RT,* representa una grave amenaza a la democracia y al respeto por algunos Derechos Humanos, como la libertad de creencia, de información o de expresión. Los periodistas que trabajan para esta agencia no solo deben generar contenido a favor del Kremlin, sino que, en muchas ocasiones, se ven sometidos a controles y censuras por parte de sus superiores, si sus divulgaciones no están del todo en línea con los intereses de su presidente.

2.3. *RT* y *Sputnik,* armas de doble filo contra Occidente

La desinformación constituye uno de los pilares más importantes sobre los que descansan las acciones de política exterior llevadas a cabo por la Federación Rusa. Moscú cuenta con una tradición desinformativa de siglos de

---

102   FEINBERG, A. Seems @SputnikInt isn't happy with real journalists. They'd rather have ACTUAL propagandists operate anonymously. *Twitter* [en línea], 2017 [fecha de consulta 24 de mayo de 2023]. Disponible en:
https://twitter.com/AndrewFeinberg/status/868125018059939840?ref_src=twsrc%5Etfw%7Ctwcamp%5Etweetebed%7Ctwter-m%5E868125018059939840%7Ctwgr%5E18fa00ea4aabf323e8dbfca51d9092bd32ea2930%7Ctwcon%5Es1_&ref_url=https%3A%2F%2Fwww.washingtonpost.com%2Fblogs%2Ferik-wemple%2Fwp%2F2017%2F05%2F26%2Fwhite-house-correspondent-bolts-sputnik-over-the-obvi-ous%2F

103   GLOBAL ENGAGEMENT CENTER, op. cit., nota 88.

104   PARROCHA, A. Believe in what you do, Sputnik exec tells foreign journos. *Philippines News Agency* [en línea], 2018 [fecha de consulta 28 de mayo de 2023]. Disponible en https://www.pna.gov.ph/articles/1052874

antigüedad que se ha filtrado en el sistema político ruso y que no parece que vaya a desaparecer en el corto o medio plazo. Las medidas activas ya planteadas por el KGB (cfr. 1.3.4.) en la década de 1960 siguen estando muy presentes en el ecosistema de desinformación ruso actual y han encontrado nuevas formas de expresión en medios de comunicación como *RT* y *Sputnik,* que han ido adaptándose a la era digital y utilizando las RR. SS. y las plataformas digitales como vehículos para difundir sus mensajes.

Durante los últimos años, ambas plataformas han difundido una cantidad masiva de publicaciones destinadas a perjudicar a Occidente, especialmente a EE. UU. y a aquellos países que pertenecen a la UE o que tienen cierta afinidad con dicha comunidad. El Kremlin ha aprovechado cualquier momento de debilidad en Occidente para lanzar campañas de desinformación que pudiesen menoscabar la confianza en las instituciones democráticas, sembrar discordia en estos países y polarizar a sus sociedades con el objetivo de provocar inestabilidad y una consecuente pérdida de influencia global de Occidente.

2.3.1. La influencia de *RT* y *Sputnik* en el referéndum del Brexit

El Brexit supuso un momento de debilidad en Europa que fue percibido por Moscú como una oportunidad para entrar en acción. La salida del Reino Unido de la UE marcó un momento crítico en el proceso de integración europeo, que tuvo que observar como uno de sus mayores contribuyentes decidía abandonar la UE para emprender un camino fuera del proceso de integración. Esta situación fue aprovechada en Moscú para generar división tanto en Europa como dentro del propio territorio británico, una estrategia de *sharp power* en la que la desinformación divulgada por *RT* y *Sputnik* no pasó desapercibida.

> "Rusia explotó los agravios que afectaban a la población británica para empujarla hacia el Brexit"[105] tratando de amplificar las diferencias dentro de la sociedad británica y centrándose en "supremacistas blancos, musulmanes británicos o separatistas escoceses, galeses y norirlandeses". Una de las estrategias utilizadas por los servicios de inteligencia del Kremlin consistió en difundir mensajes polarizadores sobre la amenaza que supone todo lo extranjero al modo de vida británico a través de cuentas *trol* y anónimas en RR. SS. para enfrentar a diferentes grupos sociales y fomentar una rápida salida del Reino Unido de la UE[106]. En definitiva, "a través de la difusión de información errónea, Rusia pretendió –y probablemente consiguió– perturbar los procesos democráticos del Reino Unido"[107].

El referéndum sobre la pertenencia del Reino Unido en la UE llevado a cabo en el Reino Unido el 23 de junio de 2016, se convirtió en todo un objetivo para los medios de comunicación rusos que trataron de interferir en el proceso. *RT* y *Sputnik* han sido acusados por varios medios de comunicación de haber interferido en este referéndum, algo que no puede sorprendernos mucho si tenemos en cuenta que estas dos plataformas actúan como brazos mediáticos de un estado autoritario que busca conseguir la hegemonía global a toda costa. Según un estudio sobre la injerencia rusa en el proceso del Brexit[108], *RT* y *Sputnik* publicaron al menos 260 artículos sobre el referéndum de la UE en el Reino Unido que llegaron a alcanzar unas 134 millones de impresiones, y que transmitían un gran sentimiento anti-UE[109] en sus mensajes publicando historias exageradas o falsas sobre los flujos de refugiados en Europa o el papel de la CIA en la creación de la UE. Además, estas dos plataformas también publicaron *posts* de forma masiva en RR.

---

105   SIXMA, A. La desinformación como amenaza para la democracia: el caso del Brexit. *Instituto Español de Estudios Estratégicos* [en línea], 2023 [fecha de consulta 15 de junio de 2023]. Disponible en https://www.ieee.es/Galerias/fichero/docs_opinion/2023/DIEEEO42_2023_ANNSIX_Brexit.pdf

106   ELLEHUUS, R. Mind the gaps: Assessing Russian influences in the United Kingdom. *Center for strategic & international studies* [en línea], 2020 [fecha de consulta 18 de junio de 2023]. Disponible en https://csis-website-prod.s3.amazonaws.com/s3fs-public/publication/20720_Ellehuus_GEC_FullReport_FINAL.pdf

107   SIXMA, op. cit., nota 105, p.6

108   HARRIS, M. Putin's Brexit? The influence of Kremlin media & bots during the 2016 UK EU referendum. *89up* [en línea], 2018 [fecha de consulta 15 de mayo de 2023]. Disponible en https://89up.org/russia-report?utm_source=newsletter&utm_medium=email&utm_campaign=rt_and_sputnik_had_more_twitter_outreach_than_official_brexit_campaigns&utm_term=2023-06-30

109   INTELLIGENCE AND SECURITY COMMITTEE OF PARLIAMENT. Russia report. *Intelligence and security committee of parliament* [en línea], 2020 [fecha de consulta 19 de mayo de 2023]. Disponible en https://isc.independent.gov.uk/wp-content/uploads/2021/03/CCS207_CCS0221966010-001_Russia-Report-v02-Web_Accessible.pdf

SS. como Facebook o Twitter, donde llegaron a alcanzar un impacto tres veces mayor que el de otras campañas oficiales como *Leave.EU*[110].

2.3.2. La manipulación electoral de *RT* y *Sputnik* en EE. UU.

Las elecciones presidenciales llevadas a cabo en EE. UU. durante el año 2016 enfrentaban a Donald Trump, a la cabeza del Partido Republicado, y a Hillary Clinton, como líder del Partido Demócrata, en la carrera hacia la presidencia estadounidense. Este proceso electoral también supuso una oportunidad aprovechada por el Kremlin para propagar campañas de desinformación con el objetivo de menoscabar la confianza ciudadana en los procesos democráticos estadounidenses, "denigrar a Hillary Clinton y perjudicar su electividad y presidencia potencial"[111]. Como era de esperar, el papel de *RT* y *Sputnik* en estas elecciones presidenciales también estuvo en sintonía con los objetivos políticos de Moscú. Tal y como explica Nicolás de Pedro, experto en desinformación rusa, tanto el Kremlin como todo su aparato mediático (con *RT* y *Sputnik* a la cabeza), "han mostrado claramente preferencia por alguno de los candidatos, y en línea con su discurso general, han alimentado las dudas sobre la integridad del proceso electoral"[112].

Según un informe elaborado por la CIA, el FBI y la Agencia de Seguridad Nacional, el Kremlin tenía cierta preferencia por la presidencia de Donald Trump e intentó favorecer sus resultados desacreditando a Hillary Clinton públicamente. Además, este informe manifiesta que *RT* y *Sputnik* contribuyeron a la campaña de influencia ideada por el Kremlin difundiendo mensajes favorables a Trump y ofreciendo una cobertura negativa sobre todo lo relacionado con la entonces candidata, Hillary Clinton[113].

Asimismo, ambas plataformas se encargaron de difundir información engañosa tanto a través de sus canales como a través de sus RR. SS. De hecho, Twitter suspendió la publicidad de *RT* y *Sputnik* tras detectar que dichos medios interfirieron en las elecciones norteamericanas en nombre del gobierno ruso a través de sus respectivas cuentas de Twitter[114]. Un ejemplo ilustrativo de las narrativas fomentadas por *RT* y *Sputnik* en contra de Clinton, podría ser la publicación de un supuesto correo electrónico escrito por un confidente de Hillary Clinton sobre el ataque contra el consulado norteamericano en Libia en el 2012, donde murió un embajador estadounidense. El contenido del correo electrónico daba a entender que Clinton podría haber prevenido el ataque, ya que era la responsable del Departamento de Estado en ese momento[115]. Sin embargo, el correo electrónico se trataba de otra calumnia propagada por los medios rusos para difamar la imagen política de Hillary Clinton[116].

Esta campaña de desinformación propagada por Rusia no supone más que otra estrategia de *sharp power* en la que Putin utilizó varios medios de comunicación estatales como herramientas para llevar a cabo una estrategia de política exterior basada en la desinformación con la finalidad de conseguir los objetivos políticos que más le interesan y socavar un proceso democrático como lo son unas elecciones a la presidencia de EE. UU. En este caso, *RT* y *Sputnik* funcionaron como verdaderos brazos mediáticos del Kremlin que buscaban perjudicar la reputación de una candidata a las elecciones presidenciales y fomentar la llegada al mandato estadounidense de un muy buen simpatizante de las acciones políticas formuladas por Putin.

---

110 HARRIS, op. cit., nota 108.

111 GUTIERREZ SANCHEZ, O. Donald Trump y las acusaciones de interferencia rusa en las elecciones presidenciales de Estados Unidos de 2016. *Universidad Nacional de Salta* [en línea], 2019 [fecha de consulta 14 de mayo de 2023]. Disponible en https://www.aacademica.org/osvaldo.gutierrez.sanchez/5.pdf

112 DE PEDRO, N. La sombra del Kremlin en las elecciones de Estados Unidos. *CIDOB* [en línea], 2016 [fecha de consulta 18 de abril de 2023]. Disponible en https://www.cidob.org/es/articulos/monografias/elecciones_presidenciales_en_estados_unidos/la_sombra_del_kremlin_en_las_elecciones_de_estados_unidos

113 NATIONAL INTELLIGENCE COUNCIL. Background to "Assessing Russian Activities and Intentions in Recent US Elections": The analytic Process and Cyber Incident Attribution. *National Intelligence Council* [en línea], 2017 [fecha de consulta 28 de mayo de 2023]. Disponible en https://www.dni.gov/files/documents/ICA_2017_01.pdf

114 TWITTER. Announcement: RT and Sputnik advertising. *Twitter* [en línea], 2017 [fecha de consulta 17 de mayo de 2023]. Disponible en https://blog.twitter.com/official/en_us/topics/company/2017/Announcement-RT-and-Sputnik-Advertising.html

115 MARGINEDAS, M. La cadena RT y la agencia 'Spútnik', los arietes del Kremlin para denigrar Clinton. *El Periódico* [en línea], 2017 [fecha de consulta 19 de mayo de 2023].a Disponible en https://www.elperiodico.com/es/internacional/20170710/la-cadena-rt-y-la-agencia-sputnik-los-arietes-del-kremlin-para-denigrar-a-clinton-6159671

116 Ibíd.

2.3.3. La injerencia de *RT* y *Sputnik* en la crisis catalana

El 1 de octubre de 2017 se produjo un referéndum ilegal sobre la independencia de Cataluña que supuso uno de los momentos más críticos para la unidad territorial española de los últimos tiempos. El gobierno ruso también fue acusado en varias ocasiones por diferentes medios de comunicación e instituciones democráticas[117] de haber suscitado el auge del independentismo catalán en España y de haber estrechado lazos con algunos dirigentes políticos independentistas. A pesar de que "la posición oficial del gobierno ruso era la de apoyo a Madrid, la maquinaria propagandística aprovechó la oportunidad que ofrecía el conflicto independentista para diseminar desinformación, enaltecer la actuación desde la emoción, y socavar la confianza de la población en las instituciones occidentales"[118].

Varias figuras políticas rusas como Yuri Korchagin, embajador de Rusia en España, o Serguéi Lavrov, ministro de Asuntos Exteriores, afirmaron que el referéndum de independencia de Cataluña se trataba de un "proceso interno en el cual Rusia no tiene interés alguno en participar"[119]. Sin embargo, los medios de comunicación controlados por las autoridades rusas *RT* y *Sputnik* reflejaron todo lo contrario en sus publicaciones sobre este acontecimiento político. Sus publicaciones se centraban en subrayar las debilidades de España como estado democrático propagando mensajes enfocados en el uso de la fuerza hacia independentistas catalanes por parte de la policía española; en las similitudes entre la situación de España y Cataluña con la guerra civil del Donbás en Ucrania; o en las alertas de una intervención militar, guerra civil o limpieza étnica en España. Todo ello con el fin de legitimar la anexión de Crimea a Rusia y advertir que el independentismo sería el fin de la UE[120].

Los contenidos publicados por *RT* y *Sputnik* en sus RR. SS. también jugaron un papel muy relevante en la divulgación de desinformación sobre el conflicto catalán, ya que estos "fueron compartidos casi 48.000 veces por una potencial audiencia de 125,9 millones y se convirtieron en el segundo agente mediático internacional más influyente"[121] sobre el referéndum catalán. También es importante mencionar que tanto *RT* como *Sputnik* "se valieron de un elevadísimo número de cuentas en RR. SS. en el entorno del chavismo y Venezuela para propagar una imagen negativa de España en las jornadas anteriores y posteriores al referéndum del 1 de octubre"[122].

Un estudio llevado a cabo por Javier Lesaca, investigador de la Universidad de Washington, revela que solamente 9 de las 100 cuentas más activas que compartían contenido de *RT* y *Sputnik* parecían pertenecer a personas humanas y que el resto no generaban ningún contenido original, sino que se dedicaban a propagar *links* y publicaciones de medios como *RT* y *Sputnik*[123]. Está claro que esta estrategia es un muy buen ejemplo de cómo el Kremlin ha sabido adaptar sus campañas de desinformación a la era digital, aplicando las ventajas de las nuevas tecnologías a sus maniobras de política exterior.

La crisis catalana supone un ejemplo más de cómo Moscú ha implementado el *sharp power* en su sistema político para perjudicar de la manera más aguda posible a los que Putin considera sus enemigos. España es miembro tanto de la OTAN como de la UE, dos instituciones occidentales que para Putin suponen una amenaza constante. Sus campañas de desinformación no han hecho más que tratar de sacar provecho de una situación de crisis para

---

117 ELLAKURÍA, I. El Parlamento Europeo constata que Rusia interfirió en Cataluña. *El Mundo* [en línea], 2021 [fecha de consulta 18 de mayo de 2023]. Disponible en https://www.elmundo.es/cataluna/2021/11/09/61896962e4d4d840138b458a.html

118 LÓPEZ, op. cit, nota 27, p.32.

119 MILOSEVICH-JUARISTI, M. La "combinación", instrumento de la guerra de la información de Rusia en Cataluña. *Real Instituto Elcano* [en línea], 2017 [fecha de consulta 19 de mayo de 2023]. Disponible en https://www.realinstitutoelcano.org/analisis/la-combinacion-instrumento-de-la-guerra-de-la-informacion-de-rusia-en-cataluna/

120 VOZPÓPULI. El experto de la UE: La intervención de Rusia en Cataluña es parte de la estrategia para desestabilizar Europa. *Vozpópuli* [en línea], 2019 [fecha de consulta 18 de mayo de 2023]. Disponible en https://www.vozpopuli.com/el_liberal_politica/problema-desinformacion-tv3-credibilidad-seriamente_0_1308169284.html

121 CLEMENTE, E. Cataluña, último objetivo de la maquinaria de desinformación rusa. *La Voz de Galicia* [en línea], 2017 [fecha de consulta 20 de mayo de 2023]. Disponible en https://www.lavozdegalicia.es/noticia/espana/2017/11/18/cataluna-ultimo-objetivo-maquinaria-desinformacion-rusa/0003_201711G18P5998.htm

122 ALANDETE, D. La trama rusa empleó redes chavistas para agravar la crisis catalana. *El País* [en línea], 2017 [fecha de consulta 14 de mayo de 2023]. Disponible en https://elpais.com/politica/2017/11/10/actualidad/1510341089_316043.html

123 LESACA, J. Why did Russian social media swarm the digital conversation about Catalan independence? *The Washington Post* [en línea], 2017 [fecha de consulta 18 de mayo de 2023]. Disponible en https://www.washingtonpost.com/news/monkey-cage/wp/2017/11/22/why-did-russian-social-media-swarm-the-digital-conversation-about-catalan-independence/

desgastar a España, y consecuentemente, a Occidente. Un debilitamiento de Occidente supondría para Putin una oportunidad más que aprovechable para posicionarse como una de las mayores superpotencias del mundo.

2.3.4. El papel de *RT* y *Sputnik* en las elecciones al Parlamento Europeo

Las elecciones al Parlamento Europeo que tuvieron lugar en mayo de 2019 tampoco fueron desaprovechadas por Rusia para desestabilizar a Europa. A pesar de que los esfuerzos del Kremlin por interferir en estas elecciones no han sido tan evidentes como en los casos anteriores, existe un informe publicado por la Comisión Europea que constata que la interferencia rusa en las campañas parlamentarias europeas "abarcó una amplia gama de temas, desde el cuestionamiento de la legitimidad democrática de la Unión hasta los debates públicos divisivos sobre temas como la migración y la soberanía... Hubo una tendencia constante de actores maliciosos que utilizaron la desinformación para promover puntos de vista extremos y polarizar los debates locales, incluso a través de ataques infundados a la UE"[124].

Los medios de comunicación financiados por el Kremlin, *RT* y *Sputnik,* ocuparon un papel protagonista cubriendo las elecciones europeas de 2019. Ambos medios abordaron este tema promoviendo mensajes en contra de las instituciones que seguían la línea de aquellos emitidos por partidos euroescépticos y movimientos populistas[125] que han ido ganando terreno durante los últimos años dentro del continente europeo.

Las narrativas rusas propagadas por plataformas como *RT* y *Sputnik* dirigidas a las instituciones de la UE tienen el objetivo de desestabilizar la Unión, polarizar a la sociedad europea y aumentar los movimientos populistas que ya están presentes en países como Polonia o Hungría, dos países que estuvieron bajo influencia soviética durante cuatro décadas. En este sentido, Rusia intenta utilizar estrategias de *sharp power* a través de la difusión de narrativas euroescépticas en países de Europa del Este en los que le resulta más fácil encontrar algún tipo de apoyo en la opinión pública. Sin embargo, cada vez son más los mecanismos adoptados por las instituciones democráticas para hacer frente a este tipo de ataques desinformativos, como el *Código de Prácticas sobre Desinformación*[126], ideado por la Comisión Europea.

124 COMISIÓN EUROPEA. Joint communication to the European Parliament, the European Council, the Council, the European Economic and Social Committee and the Committee of the regions. *Unión Europea* [en línea], 2019 [fecha de consulta 18 de mayo de 2023]. Disponible en https://www.eeas.europa.eu/sites/default/files/joint_report_on_disinformation.pdf

125 SILVA, M. ¿Está tratando Rusia de interferir en las elecciones europeas? *BBC* [en línea], 2019 [fecha de consulta 10 de mayo de 2023]. Disponible en https://www.bbc.com/mundo/noticias-internacional-48331339

126 COMISIÓN EUROPEA. Un Código de Buenas prácticas de la UE en materia de Desinformación reforzado. *Unión Europea*, [en línea], 2022 [fecha de consulta 18 de mayo de 2023]. Disponible en https://commission.europa.eu/strategy-and-policy/priorities-2019-2024/new-push-european-democracy/european-democracy-action-plan/strengthened-eu-code-practice-disinformation_es

Capítulo III. América Latina como oportunidad para *RT* y *Sputnik*

3.1. El renovado enfoque de Rusia hacia América Latina

Durante los últimos años, hemos observado un creciente interés por parte de Rusia en estrechar lazos con varios países de América Latina como Venezuela, Nicaragua o Cuba, sin que resulte sorprendente que todos ellos compartan ciertas carencias democráticas intrínsecas en sus sistemas políticos que, de una forma u otra, facilitan el intercambio de intereses comunes con Moscú. Este anhelo de Rusia por aumentar su influencia en la región latinoamericana tiene sus raíces con la llegada de Putin al poder a principios del siglo XXI.

La expansión de la OTAN hacia el espacio postsoviético que se produjo tras el fin de la Guerra Fría no fue muy bien recibida por las autoridades rusas. En este sentido, América Latina, una región que además de encontrarse próxima a EE. UU., posee una gran influencia norteamericana, puede ser la oportunidad perfecta para que Putin posicione a Rusia como un actor global en la región y aplique una estrategia de reciprocidad a EE. UU. en respuesta a su supuesta intromisión en los estados bálticos (que formaron parte de la antigua URSS) y en antiguos estados satélites de influencia soviética como Polonia, Hungría o Bulgaria[127].

A pesar de que las relaciones comerciales entre Rusia y América Latina no se asemejan en absoluto a las que la región latinoamericana mantiene con EE. UU., Rusia ha mostrado cierto interés en establecer relaciones sólidas con estos países a través de estrategias de *soft* y *sharp power* que le permitan "ganar la batalla por las mentes de los pueblos latinoamericanos"[128] y conseguir aumentar su influencia regional en la zona potenciando las evidentes similitudes entre Moscú y Latinoamérica.

3.1.1. El *soft* y el *sharp power* rusos en América Latina

La creación de la Fundación *Russkiy Mir* (que significa 'mundo ruso') en 2007 fue una de las estrategias de *soft power* ideadas por el Kremlin para incrementar su presencia en América Latina. Los objetivos de esta fundación, además de centrarse en promover el idioma ruso como patrimonio nacional de Rusia alrededor de todo el mundo, también poseen cierto carácter ideológico que se encauza hacia la "interacción con la Iglesia Ortodoxa Rusa", "la creación de canales político-periciales de desarrollo de las relaciones bilaterales con los países extranjeros y con organizaciones internacionales", y "la formación de una opinión pública favorable para Rusia"[129]. Esta fundación tiene un total de 50 'centros rusos' en el exterior (de los cuales 8 se encuentran en América Latina) para fomentar la forma de pensar rusa en el extranjero[130] y sus orígenes pueden remontarse al nacimiento del *agitprop*, producido tras la revolución bolchevique (cfr. 1.3.2.), cuando también se empleaba el establecimiento de una serie de centros para fomentar una imagen favorable de Rusia.

Por otro lado, el Kremlin también ha desarrollado estrategias de *sharp power* dirigidas a los países latinoamericanos con el objetivo de denigrar a Occidente y presentarse como un aliado de América Latina, estableciéndose, así como una verdadera potencia global con la que no conviene tener conflictos. Una de estas estrategias fue el desarrollo en lengua española de varios medios de comunicación rusos totalmente financiados por el régimen presidido por Putin, entre los que se encuentran los anteriormente mencionados *RT* y *Sputnik*.

---

127   PASTOR GÓMEZ, M. L. ¿Rusia realmente ha retornado a América Latina? *Instituto Español de Estudios Estratégicos* [en línea], 2019 [fecha de consulta 2 de junio de 2023]. Disponible en https://dialnet.unirioja.es/servlet/articulo?codigo=6962175

128   Ibíd.

129   RUSSKIY MIR. Fines y tareas. *Russkiy Mir* [en línea], 2020 [fecha de consulta 13 de junio de 2023]. Disponible en https://russkiymir.ru/es/fines-y-tares/

130   MILOSEVICH-JUARISTI, M. Rusia en América Latina: repercusiones para España. *Real Instituto Elcano.*[en línea], 2019 [fecha de consulta 10 de junio de 2023]. Disponible en https://media.realinstitutoelcano.org/wp-content/uploads/2021/10/dt02-2019-milosevichjuaristi-rusia-en-america-latina.pdf

Estas dos plataformas se han convertido en los medios de comunicación rusos más influyentes y, hoy en día están disponibles en varios países de América Latina. "La promoción de la transmisión de *Russia Today (...)* en español y la expansión de la agencia de noticias *Sputnik News* (...) han constituido, probablemente, el esfuerzo más ambicioso del Kremlin en los últimos años para mejorar la imagen de Rusia"[131]. Además, los contenidos que publican suelen estar enfocados en temas de interés para el público latinoamericano a través de un punto de vista alternativo al occidental que ataca a EE. UU. y a sus aliados europeos y "presenta a Rusia como un modelo político alternativo y exitoso en comparación con los regímenes de democracia liberal"[132]. Cabe destacar el tratamiento informativo de *RT* en el plano electoral latinoamericano, donde sus contenidos favorecieron a determinados "candidatos izquierdistas como el colombiano Rodrigo Londoño o el mexicano Andrés Manuel López Obrador, que mantienen posiciones críticas hacia Washington en materia geopolítica, de inmigración y de libre comercio"[133].

Durante los últimos años, la hegemonía occidental se ha visto mermada por el auge de nuevas potencias emergentes como China, la India o Brasil, que han cuestionado en gran medida la supremacía global que lideraba EE. UU. A través de la promoción del pensamiento ruso en zonas como Latinoamérica, Rusia busca establecer un mundo multipolar que le abra paso para "ofrecer una alternativa política, cultural y espiritual de base euroasiática a la civilización occidental liderada por los EE. UU. y Europa, dejando atrás el «momento unipolar» en el que los EE. UU. subsistieron como única superpotencia después del fin de la Guerra Fría"[134].

Lo cierto es que Putin ha venido estrechando lazos con varios gobiernos izquierdistas de Latinoamérica como Bolivia, Nicaragua o Cuba desde hace varios años. Sin embargo, es de especial relevancia la amistad que ha ido forjando con Nicolás Maduro, el actual presidente de la República Bolivariana de Venezuela, quien ha mostrado públicamente su apoyo a Vladímir Putin tras la agresión producida en Ucrania en febrero de 2022, a la vez que ha calificado de 'locura' las sanciones económicas impuestas por Occidente a Rusia[135].

Este fortalecimiento de las relaciones con los gobiernos latinoamericanos se ha visto reflejado en las narrativas propagadas por los medios de comunicación estatales rusos *RT* y *Sputnik* a través de sus canales en español, que han sido latinoamericanizados para alcanzar una audiencia cada vez mayor en el mundo iberoamericano. Ejemplo de ello puede ser la cobertura en *RT* y *Sputnik* de temáticas plenamente latinoamericanas en las que muestra a Rusia como un potencial aliado de la región, como puede ser el caso del siguiente titular publicado en *RT:* "Rusia apoya al legítimo Gobierno de Venezuela"[136]. Las similitudes autoritarias y los intereses comunes que comparten los sistemas políticos de Rusia y de muchos países latinoamericanos han favorecido que los medios rusos hayan logrado impactar de forma positiva en la población latinoamericana, llegando a aumentar considerablemente el número de seguidores en sus canales dirigidos a la población hispanohablante.

El mutuo apoyo entre Moscú y varios países latinoamericanos se ha traducido en una narrativa prorrusa cada vez más concurrente en los medios de comunicación más presentes en la región. En este sentido, cabe destacar el alineamiento entre las narrativas propagadas por *RT* y *Sputnik* y otros medios de comunicación latinoamericanos como *Telesur*, que durante la anexión de Crimea por parte de Rusia en 2014 defendió la postura rusa alegando que los lazos culturales e históricos que unían a ambos territorios desde hace siglos habían sido reflejados en el resultado del referéndum que supuestamente se llevó a cabo en el territorio crimeo[137].

Tanto *RT* como *Sputnik* encontraron en América Latina el escenario perfecto para propagar desinformación favorable al Kremlin. El antagonismo con Occidente que une a Rusia y Latinoamérica constituye otra manera de

131 ROUVINSKI, V. ¿El "retorno ruso" a América Latina? Entrevista a Vladimir Rouvinski. *Nueva Sociedad* [en línea], 2017 [fecha de consulta 11 de junio de 2023]. Disponible en https://nuso.org/articulo/rusia-entre-nosotros/

132 Ibíd.

133 MILOSEVICH-JUARISTI, op. cit, nota 130, p. 8.

134 PASTOR GÓMEZ, op. cit, nota 127, p. 4.

135 EL MUNDO. Maduro muestra su apoyo a Putin: "Es una locura lo que están haciendo con Rusia". En: *Youtube* [vídeo en línea]. Publicado el 3 de marzo de 2022 [fecha de consulta 15 de junio de 2023]. Disponible en https://www.youtube.com/watch?v=U70CZ8wbwvs

136 CILANO PELAEZ, J. & ISABEL PUERTA, M. Así nos habla el Kremlin: Narrativa y medios de comunicación rusos en América Latina. *Trópico Absoluto* [en línea], 2022 [fecha de consulta 13 de junio de 2023]. Disponible en https://tropicoabsoluto.com/2022/09/30/asi-nos-habla-el-kremlin-narrativa-y-medios-de-comunicacion-rusos-en-america-latina/

137 TRANSPARENCIA VENEZUELA, op. cit., nota 86.

percibir la realidad que está teniendo un notable impacto entre la población latinoamericana, que con gobiernos como los de Maduro, Ortega o Díaz-Canel, parece que seguirá siendo susceptible de las teorías conspirativas y manipuladoras que propaga Moscú tratando de posicionarse en la región como el aliado perfecto de América Latina.

3.2. La infodemia como nueva estrategia de *RT* y *Sputnik*

El brote de la pandemia de COVID-19 constituyó un punto de inflexión muy significativo en lo que concierne al aumento de desinformación propagada por parte de *RT* y *Sputnik* en el territorio de América Latina. El contexto de una crisis sanitaria global como la ocurrida en 2020 concentró las miradas en las medidas sanitarias que adoptaban los gobiernos e instituciones para hacer frente a la pandemia. La desafiante situación de crisis provocada por la COVID-19 y los continuos confinamientos que padecimos en la mayor parte del planeta fomentaron los flujos de información sobre la enfermedad, que se vieron intensificados por un incremento del uso de Internet y de las nuevas tecnologías a raíz de los confinamientos. Es en este contexto en el que surge la infodemia, definida por la Organización Panamericana de la Salud (OPS) como "una cantidad excesiva de información –en algunos casos correcta, en otros no– que dificulta que las personas encuentren fuentes confiables y orientación fidedigna cuando las necesitan"[138].

3.2.1. De la pandemia a la infodemia. *RT* y *Sputnik* como protagonistas

El aumento de la divulgación de información sobre la COVID-19 acarreó la proliferación de desinformación relativa al coronavirus. En este sentido, la Comisión Europea constata en su página web que terceros países como la Federación de Rusia o la República Popular de China "han lanzado operaciones de influencia y campañas de desinformación específicas en torno al coronavirus para socavar el debate democrático, exacerbar la polarización social y mejorar su propia imagen en el contexto del coronavirus"[139]. Los medios de comunicación multilingües rusos financiados por el Kremlin (como es el caso de *RT* y *Sputnik)* han sido acusados por la UE de haber difundido narrativas antioccidentales en el contexto de la pandemia. En este sentido, el Alto Representante de la Unión para Asuntos Exteriores y Política de Seguridad, Josep Borrell, explica que estos medios han tratado de ridiculizar "abiertamente a los productores occidentales de vacunas llegando incluso a difundir declaraciones absurdas como la de que las vacunas convertirán a las personas en monos", y dirigiendo este tipo de narrativas a aquellos países en los que Moscú quiere vender su vacuna, *Sputnik V*[140].

Bajo esta perspectiva, cobra especial relevancia el papel desempeñado por *RT* y *Sputnik* a la hora de utilizar estrategias de desinformación y divulgar *fake news* dirigidas al territorio latinoamericano. Según un estudio llevado a cabo por *DFRLab,* la popularidad de *RT* y *Sputnik* en Latinoamérica se ha visto incrementada con creces tras el brote de la pandemia en esta región[141]. Según *EUvsDisinfo*, una de las narrativas ampliamente propagadas por *Sputnik* sobre la COVID-19 se centró en la teoría de que el origen del virus se atribuía a una supuesta creación intencionada por parte de EE. UU en un laboratorio de la OTAN[142] con el objetivo de utilizarlo como una posible

138 ORGANIZACIÓN PANAMERICANA DE LA SALUD. Entender la infodemia y la desinformación en la lucha contra la COVID-19. *Organización Mundial de la Salud* [en línea], 2020 [fecha de consulta 18 de junio de 2023]. Disponible en https://iris.paho.org/bitstream/handle/10665.2/52053/Factsheet-Infodemic_spa.pdf

139 COMISIÓN EUROPEA. Lucha contra la desinformación. *Unión Europea* [en línea] [s.f] [fecha de consulta 12 de junio de 2023]. Disponible en https://commission.europa.eu/strategy-and-policy/coronavirus-response/fighting-disinformation_es

140 BORRELL, J. La lucha contra la desinformación y la manipulación es crucial. *Unión Europea* [en línea], 2020 [fecha de consulta 19 de junio de 2023]. Disponible en https://www.eeas.europa.eu/eeas/la-lucha-contra-la-desinformaci%C3%B3n-y-la-manipulaci%C3%B3n-es-crucial_es

141 PONCE DE LEÓN, E. A glimpse into RT's Latin American audience. *DFRLab* [en línea], 2020 [fecha de consulta 20 de junio de 2023]. Disponible enhttps://medium.com/dfrlab/a-glimpse-into-rts-latin-american-audience-487d52bed507

142 EUvsDisinfo. Disinfo: a new Chinese coronavirus was likely elaborated in NATO biolabs. *EUvsDisinfo* [en línea], 2020 [fecha de consulta 20 de junio de 2023] Disponible en https://euvsdisinfo.eu/report/a-new-chinese-coronavirus-was-likely-elaborated-in-nato-biolabs/

arma biológica dirigida contra China[143]. Sin embargo, esta teoría carece de pruebas sólidas y numerosos científicos respaldan la hipótesis de que el origen del virus proviene de algún animal[144].

3.2.2. *Sputnik V*: la alternativa a las 'ineficacias' de Occidente

La constante búsqueda por parte de Rusia de un deterioro del dominio estadounidense en el ámbito internacional sugiere que la difusión de desinformación en América Latina puede formar parte de toda una estrategia de desestabilización en esta región. Al aprovechar la pandemia como contexto propicio, Rusia podría estar buscando el fomento de la desconfianza hacia EE. UU. para socavar su influencia y liderazgo en el pueblo latinoamericano y presentarse como el aliado alternativo. El hecho de que Rusia trate de cargar la responsabilidad de la enfermedad en EE. UU. no es nada nuevo y puede ser equiparado al intento de Moscú durante la Guerra Fría de atribuir la creación del VIH a EE. UU. alegando que este se habría originado en un laboratorio norteamericano para ser utilizado contra otras poblaciones (cfr. 1.3.4.). En ambos casos, Rusia parece tratar de responsabilizar a los norteamericanos por el origen de nuevas enfermedades en sus laboratorios mientras se produce un contexto de preocupación sanitaria por la evolución y propagación de dichas enfermedades a nivel global.

Los mensajes publicados por *RT* y *Sputnik* sobre la pandemia no solamente se orientaron a desprestigiar la imagen estadounidense en Latinoamérica, sino que también arremetieron contra la UE y sus instituciones. Ambos medios han lanzado mensajes contra la UE recalcando su ineficacia a la hora de lidiar con la crisis y su futura desintegración como consecuencia de ello[145]. Acompañadas de estas narrativas florecieron otras que promulgaban el escepticismo y los temores en torno a la vacunación del COVID-19 tratando de vincular a los países occidentales con una supuesta vacunación masiva forzada o tratando de magnificar los efectos secundarios de las vacunas estadounidenses *Pfizer* y *Moderna*[146].

Rusia también buscó promocionar la vacuna *Sputnik V* desarrollada por científicos rusos en otros territorios como América Latina, que constituía un escenario más que apropiado para lograr sus objetivos. La región latinoamericana había sido gravemente sacudida por la pandemia, y los constantes mensajes difundidos por *RT* y *Sputnik* sobre el éxito de la vacuna rusa no hacían más que abordar un atisbo de esperanza a la crisis sanitaria. El impacto de los artículos publicados por *RT* y *Sputnik* en español llegó a ser muy considerable, especialmente en las RR. SS., donde "obtuvieron más de 3,4 millones de reacciones"[147], siendo las versiones de estos medios en español, las que más reacciones alcanzan en redes[148].

Podríamos considerar, por tanto, que el Kremlin promulgó el éxito de su vacuna como mera estrategia de marketing para conseguir beneficios. Sin embargo, al tiempo que "presentaba a *Sputnik V* como una vacuna humanitaria que devolvía la esperanza a la humanidad", marcaba distancias con las vacunas occidentales, cuyo único objetivo, según estos medios, era supuestamente el de obtener beneficios[149]. Los esfuerzos por promocionar *Sputnik V* en la región latinoamericana no fueron en vano, ya que la mayor parte de los gobiernos latinoamericanos llegaron a establecer contacto con Moscú en interés por la demanda de dosis, según Kirill Dmitriev, director del Fondo de Inversiones Directas de Rusia[150]. Por ende, podemos constatar que las estrategias de comunicación utilizadas por el

---

143 EUvsDisinfo. Disinfo: Coronavirus is a biological weapon, according to scientists. *EUvsDisinfo* [en línea], 2020 [fecha de consulta 19 de junio de 2023]. Disponible en https://euvsdisinfo.eu/report/coronavirus-biological-weapon-according-scientists/

144 EUvsDisinfo, "Disinfo: a new Chinese coronavirus was likely elaborated in NATO biolabs.", loc. cit, nota 142.

145 EUvsDisinfo. Throwing coronavirus disinfo at the wall to see what sticks. *EUvsDisinfo* [en línea], 2020 [fecha de consulta 18 de junio de 2023]. Disponible en https://euvsdisinfo.eu/throwing-coronavirus-disinfo-at-the-wall-to-see-what-sticks/

146 BARNES, J. E. La desinformación rusa tiene dos objetivos: las vacunas y el gobierno de Biden. *New York Times* [en línea], 2021 [fecha de consulta 21 de junio de 2023]. Disponible en https://www.nytimes.com/es/2021/08/11/espanol/desinformacion-vacunas.html

147 EUvsDisinfo. Los medios de comunicación pro-Kremlin como herramienta de marketing: promoción de la vacuna *Sputnik V* en Latinoamérica. *EUvsDisinfo* [en línea], 2020 [fecha de consulta 21 de junio de 2023]. Disponible en https://euvsdisinfo.eu/es/los-medios-de-comunicacion-pro-kremlin-como-herramienta-de-marketing-promocion-de-la-vacuna-sputnik-v-en-latinoamerica/

148 Véase anexo III.

149 EUvsDisinfo. "Los médios de comunicación pro-Kremlin como herramienta de marketing: promoción de la vacuna *Sputnik V* em Latinoamérica.", loc. cit, nota 147.

150 ORTEGA, I. Rusia quiere vacunar contra la COVID-19 a toda América Latina. *Heraldo de Aragón* [en línea], 2020 [fecha de consulta 20 de junio de 2023]. Disponible en https://www.heraldo.es/noticias/internacional/2020/09/12/rusia-quiere-vacunar-contra-la-covid-19-a-toda-

Kremlin en Latinoamérica en relación con la pandemia de COVID-19 tuvieron un éxito irrefutable que se ha visto reflejado en la popularidad de *Sputnik V* dentro del territorio latinoamericano, donde solamente en Argentina, se consiguieron distribuir más de 600.000 dosis[151].

La crisis sanitaria global provocada por la pandemia de COVID-19 acarreó el desarrollo de un contexto idóneo para que Rusia dirigiese todos sus esfuerzos de desinformación hacia América Latina. La dureza con la que el virus golpeó a la población latinoamericana, junto con los intentos del Kremlin para socavar la confianza en Occidente y exteriorizarse como la potencia alternativa con capacidades para acabar con la enfermedad, encajaron a la perfección con los deseos de los gobiernos latinoamericanos, que vieron en el Kremlin una oportunidad para menguar los efectos de la crisis. Esto propició que a través de estrategias de *sharp power* en las que Moscú trataba de denigrar la imagen de EE. UU. y de la UE para sacar provecho e impulsar la suya, Rusia consiguiese ganar todavía más influencia en Latinoamérica.

3.3. *RT* y *Sputnik*, portavoces de la guerra de Ucrania en América Latina

Si la repercusión de *RT* y *Sputnik* en América Latina ya era considerable a raíz del brote de coronavirus, la invasión de Ucrania llevada a cabo por parte de Rusia en febrero de 2022 no hizo más que reafirmar la presencia de estos dos medios en la región. Los canales en español de *RT* y *Sputnik* se convirtieron en actores clave en lo que respecta a la difusión de desinformación en América Latina. A medida que la crisis en Ucrania se intensificaba, tanto *RT* como *Sputnik* aprovecharon la ocasión para amplificar su narrativa y promover su agenda política pro-Kremlin en la región con el objetivo de ejercer cierta influencia en la opinión pública latinoamericana.

3.3.1. El veto europeo a *RT* y *Sputnik* para combatir la desinformación

A raíz de la invasión rusa de Ucrania llevada a cabo el 24 de febrero de 2022, las instituciones europeas observaron un relevante incremento en las campañas de desinformación lanzadas por *RT* y *Sputnik* que buscaban tergiversar la opinión pública con crecientes hostilidades hacia los principales países de Occidente, un uso del *sharp power* como arma potencial para desestabilizar las instituciones occidentales y transformar la forma de pensamiento de sus sociedades. Como consecuencia de ello, la UE decidió aplicar una serie de sanciones contra la Federación Rusa y "suspender urgentemente las actividades de radiodifusión de Sputnik y RT-Russia Today (...) en la UE (...) hasta que cese la agresión contra Ucrania y hasta que la Federación de Rusia y sus medios de comunicación asociados dejen de llevar a cabo acciones de desinformación y manipulación de la información contra la UE y sus Estados miembros"[152].

El objetivo de estas restricciones no es más que garantizar la seguridad de los ciudadanos europeos y disminuir cualquier posibilidad de desestabilidad dentro del territorio europeo. En este sentido, Josep Borrell afirma lo siguiente:

> "La manipulación sistemática de la información y la desinformación que lleva a cabo el Kremlin se utilizan como herramienta operativa en su agresión contra Ucrania. Esto constituye también una amenaza importante y directa contra el orden público y la seguridad de la Unión. Hoy estamos dando un paso importante contra la operación de manipulación de Putin y estamos cerrando el grifo para los medios controlados por el Estado ruso en la Unión Europea. Ya habíamos impuesto sanciones anteriormente a la dirección de RT, en particular a su redactor jefe Simonyan, y es

america-latina-1394997.html

151 MCCLUSKEY, M. et al. La vacuna rusa Sputnik V amplía su alcance en América Latina. *CNN* [en línea], 2021 [fecha de consulta 24 de junio de 2023]. Disponible en https://cnnespanol.cnn.com/2021/03/04/la-vacuna-rusa-sputnik-v-amplia-su-alcance-en-america-latina/#:~:text=El%20pa%C3%ADs%20ya%20ha%20distribuido,cantidad%20no%20revelada%20de%20dosis.

152 CONSEJO DE LA UE. La UE impone sanciones a la radiodifusión en la UE de las emisoras de propiedad estatal RT-Russia Today y Sputnik. *Unión Europea* [en línea], 2022 [fecha de consulta 25 de junio de 2023]. Disponible en https://www.consilium.europa.eu/es/press/press-releases/2022/03/02/eu-imposes-sanctions-on-state-owned-outlets-rt-russia-today-and-sputnik-s-broadcasting-in-the-eu/

lógico que también las dirijamos a las actividades que estas entidades han estado llevando a cabo en el seno de nuestra Unión"[153].

La UE no fue el único actor relevante de la esfera internacional que decidió limitar al máximo la propagación de desinformación por parte de *RT* y *Sputnik*. Empresas de gran importancia dentro del ámbito internacional como Netflix, Google y Movistar, y RR. SS. como Twitter, Instagram o Tik Tok, han adoptado medidas similares para contener la posibilidad de ser vehículos de expansión de la desinformación rusa con motivo de la guerra de Ucrania[154].

Las restricciones que la UE impuso a estos dos medios de comunicación rusos impiden que sus mensajes y publicaciones se propaguen en territorio europeo. Sin embargo, existen muchos otros territorios que siguen bajo la creciente influencia que *RT* y *Sputnik* han ido ganando durante los últimos años, especialmente a raíz de la guerra de Ucrania. La creciente influencia de *RT* y *Sputnik* en ciertos países con gobiernos afines al Kremlin dificulta en gran medida que la situación pueda cambiar en un plazo de tiempo relativamente corto. Por lo tanto, es importante destacar que los riesgos que atañe la propagación de desinformación, especialmente en regímenes propensos a ello, supone todo un desafío para la comunidad internacional que requiere una acción conjunta y la implementación de ciertas medidas regulatorias.

3.3.2. El giro mediático hacia América Latina

El veto de *RT* y *Sputnik* en el territorio europeo motivó el empeño de Moscú en ganarse el apoyo de la opinión pública latinoamericana y ejercer una creciente influencia en esta región. Las medidas restrictivas impuestas por la UE no impidieron que los canales de estos medios en español se filtrasen en el mundo hispanohablante. Los lazos ideológicos comunistas que unen a Moscú con muchos de los actuales gobiernos latinoamericanos como Venezuela, Cuba o Nicaragua, junto con las conflictivas relaciones con EE. UU.,[155] y la falta de regulación de la desinformación en estos países, han propiciado que la región latinoamericana se vuelva mucho más vulnerable que otras ante los intentos del Kremlin por expandir su desinformación.

A pesar de que *RT* posee canales en otras lenguas como el inglés, el árabe, el francés o el alemán, su canal en español es el más popular, llegando a alcanzar en su página de Facebook un total de más de 16 millones de seguidores, casi el triple que la versión en inglés[156]. Resulta evidente, por tanto, que el mundo hispanohablante siente cierta predilección por las narrativas prorrusas, o al menos, estas llaman más la atención y generan más simpatía en estos países que en países de habla inglesa o francesa. Es de especial mención la popularidad de *RT*[157] y *Sputnik*[158] en español en países como Argentina, México o Venezuela, que constituyen los tres países con más tráfico de publicaciones provenientes de estos medios. Además, las páginas web de *RT* y *Sputnik* en español llegaron a estar entre los 15 dominios más compartidos durante las dos primeras semanas de guerra, con un total de más de 345.000 menciones[159]. Su impacto no se limita a sus páginas web, sino que también trasciende a RR. SS. como Twitter, donde

---

153 Ibíd.

154 EUROPA PRESS. Netflix, Google, Volkswagen, Nike o H&M: las empresas que ya han vetado a Rusia por la guerra. *Europapress* [en línea], 2022 [fecha de consulta 28 de junio de 2023]. Disponible en https://www.europapress.es/economia/noticia-netflix-google-volkswagen-nike-hm empresas-ya-vetado-rusia-guerra-ucrania-20220303163827.html

155 TURNER, I. Why Latin America is susceptible to Russian war disinformation. *DisinfoLab* [en línea], 2022 [fecha de consulta 26 de junio de 2023]. Disponible en https://www.disinfolab.net/post/why-latin-america-is-susceptible-to-russian-war-disinformation

156 NBC NEWS. Russia disinformation on Ukraine spreads on Spanish-speaking social media. *NBC News* [en línea], 2022 [fecha de consulta 28 de junio de 2023]. Disponible en https://www.nbcnews.com/news/latino/russia-disinformation-ukraine-spreading-spanish-speaking-media-rcna22843

157 SIMILARWEB. Actualidad.rt.com. *Similarweb* [en línea], 2023 [fecha de consulta 28 de junio de 2023]. Disponible en https://www.similarweb.com/website/actualidad.rt.com/#overview

158 SIMILARWEB. Sputniknews.lat. *Similarweb* [en línea], 2023 [fecha de consulta 28 de junio de 2023]. Disponible en https://www.similarweb.com/es/website/sputniknews.lat/#geography

159 PONCE DE LEÓN, E. RT and Sputnik in Spanish boosted by Russian embassy tweets and suspicious accounts. *DFRLab* [en línea], 2022 [fecha de consulta 28 de junio de 2023]. Disponible en https://medium.com/dfrlab/rt-and-sputnik-in-spanish-boosted-by-russian-embassy-tweets-and-suspicious-accounts-3a24ded7ef57

sus publicaciones son compartidas por embajadas de Rusia que tratan de amplificar una narrativa pro-Kremlin en varios países de América Latina como Argentina, Cuba, México o Venezuela, entre otros[160].

Ilustración 7. Tweet de la embajada de Rusia en Panamá culpabilizando al gobierno ucraniano del conflicto

Fuente: EMBRUSPAN. #Kremlin: Los verdaderos neonazis son los mismos que en 2014 comenzaron a matar a su propia gente en el sureste de Ucrania. Twitter [en línea], 2022 [fecha de consulta 19 de junio de 2023]. Disponible en https://twitter.com/EmbRusPan/status/1499176895677673474

Los contenidos de *RT* y *Sputnik* también han sido compartidos en RR. SS. por "cuentas sospechosas con múltiples indicadores de actividad no auténtica" que parecen haber utilizado herramientas automatizadas para difundir este tipo de contenido continuamente y buscar el mayor número de reacciones posible[161], lo cual favorece en gran medida que la población latinoamericana esté crecientemente expuesta a la desinformación propagada por estos medios.

Según Ludmila González Cerulli, periodista e investigadora de Relaciones Internacionales, algunos de los mensajes que predominan en este tipo de medios de comunicación están relacionados con el supuesto vínculo del gobierno ucraniano con el nazismo o con la idea de que Ucrania actúa como un estado 'marioneta' de EE. UU. y de otras potencias occidentales como la UE[162]. Observamos, por tanto, continuos mensajes que reflejan una hostil antipatía por parte de Rusia hacia EE. UU., y que parecen estar vinculados con una estrategia de *sharp power* que Rusia viene utilizando desde la época soviética cuando a través de las llamadas 'medidas activas' trataba de desprestigiar la imagen estadounidense para posicionarse como la única gran nación con supremacía global.

Además de las narrativas antioccidentales, las versiones de *RT* y *Sputnik* en español han publicado contenido para justificar y excusar las acciones llevadas a cabo por Rusia en Ucrania. Un ejemplo de especial relevancia es la cobertura por parte de estos dos medios de la masacre de Bucha, un asesinato masivo de cientos de ciudadanos llevado a cabo por parte del Ejército Ruso en dicha ciudad ucraniana. En este caso, la versión de *RT* en español alegó que mientras la ciudad estuvo bajo el control de los rusos, los civiles no sufrieron ningún tipo de violencia[163]. Sin embargo, el *New York Times*[164] publicó una serie de imágenes satélites que mostraban cientos de cuerpos de civiles asesinados tres semanas antes, justo cuando los rusos todavía controlaban la ciudad. Estas narrativas constituyen

---

160   Ibíd.

161   Ibíd.

162   GUEVARA, T. Redes de desinformación chinas y rusas penetran en Latinoamérica, expertos. *Voz de América* [en línea], 2023 [fecha de consulta 30 de junio de 2023]. Disponible en https://www.vozdeamerica.com/a/redes-de-desinformacion-china-y-rusas-penetran-en-latinoamerica-expertos/7067324.html

163   PELCASTRE, J. Russia sows disinformation in Latin America. *Diálogo Américas* [en línea], 2022 [fecha de consulta 28 de junio de 2023]. Disponible en https://dialogo-americas.com/articles/russia-sows-disinformation-in-latin-america/

164   BROWNE, M. et al. Satellite images show bodies lay in Bucha for weeks, despite Russian claims. *New York Times* [en línea], 2022 [fecha de consulta 28 de junio de 2023]. Disponible en https://dialogo-americas.com/articles/russia-sows-disinformation-in-latin-america/

toda una estrategia de desinformación por parte de estos medios para mostrar a Rusia impune a las atrocidades cometidas en territorio ucraniano que consiguieron calar en la opinión pública latinoamericana.

Si hay una nación en Latinoamérica cuyos medios de comunicación han demostrado una notoria afinidad con los canales informativos del Kremlin reproduciendo las narrativas propagadas por estos, es Venezuela. Uno de estos medios es el anteriormente mencionado *Telesur*, que aumentó exponencialmente los artículos publicados con citas a *Sputnik* y *RT* a raíz del inicio de la invasión de Rusia a Ucrania[165]. Las carencias democráticas que unen al régimen de Putin con el de Maduro propician que la consonancia entre los medios venezolanos y rusos se lleve a cabo al pie de la letra. Esto resulta evidente si tenemos en cuenta las instrucciones que muchos equipos periodísticos venezolanos recibieron para abordar el tema de Ucrania en sus medios, entre las que destacan el seguimiento de los comunicados oficiales del Ministerio de Defensa ruso y del presidente Putin o el tratamiento del conflicto como una 'operación especial' llevada a cabo por Rusia para proteger a la población del genocidio que presuntamente está llevando a cabo el gobierno neonazi ucraniano, evitando calificarlo como una guerra o invasión[166].

El giro mediático de *RT* y *Sputnik* hacia América Latina tras el veto europeo y de varias empresas con presencia internacional ha puesto en evidencia las intenciones informativas del Kremlin. Sus estrechos lazos con varios regímenes latinoamericanos han facilitado la filtración de estos dos medios en la opinión pública latinoamericana y ha favorecido que sus relatos antioccidentales sean recibidos con simpatía en el territorio latinoamericano. Mientras Rusia prosigue con su invasión a Ucrania, sus dos brazos mediáticos más importantes, *RT* y *Sputnik,* se han encargado de generar contenidos masivos en español que posteriormente se reproducen en RR. SS. para alcanzar el mayor número posible de reacciones entre la población latinoamericana.

---

165   TRANSPARENCIA VENEZUELA, op. cit, nota 86.

166   Ibíd.

Conclusiones

Durante el presente trabajo de investigación se ha llegado a una serie de conclusiones con la finalidad de responder a la pregunta de investigación planteada al comienzo del estudio, así como de corroborar o refutar las dos hipótesis formuladas. La primera de ellas afirmaba que Rusia ha utilizado estrategias de *soft* y *sharp power* en el ámbito de la desinformación a través de *RT* y *Sputnik* para ganarse a la opinión pública latinoamericana. Esta hipótesis ha quedado validada parcialmente por las siguientes razones:

En primer lugar, se ha ratificado que Rusia ha utilizado estrategias de desinformación desde los tiempos zaristas hasta la actualidad adaptándose a los avances tecnológicos que han ido ganando terreno en la manera de pensar de la sociedad. Se ha observado, por lo tanto, que la *dezinformatsiya* constituye una herramienta interna del Kremlin para conseguir sus propios objetivos políticos que lleva presente desde hace siglos y no parece que vaya a desaparecer, al menos de momento.

Los medios de comunicación *RT* y *Sputnik* se encargan de difundir publicaciones en sintonía con la narrativa propagada por el gobierno de Putin. Los irrefutables lazos entre estos medios de comunicación y el círculo de personas más afines al Kremlin son una evidencia de ello. Además, se ha observado que *RT* y *Sputnik* no publican contenido que perjudique la reputación del gobierno, sino que se centran en menoscabar la imagen de otros países que desde Moscú se consideran enemigos.

El avance de las nuevas tecnologías y la enorme disponibilidad de fuentes de información han constituido factores clave en lo que respecta a la desinformación propagada por *RT* y *Sputnik* en América Latina. La gran cantidad de flujos de información que se divaga por la red fomenta que los ciudadanos sean más susceptibles de manipulaciones y engaños, situación que es aprovechada por regímenes como el de Rusia para favorecer sus propios intereses geopolíticos. *RT* y *Sputnik* son un muy buen ejemplo de ello, ya que han ido adaptándose a la era digital ejerciendo una gran actividad mediática en español a través de sus redes sociales para así introducir una perspectiva rusa en el mundo hispanohablante.

Rusia ha utilizado estrategias de *soft power* como herramientas de política exterior a través de iniciativas como la *Fundación Russkiy Mir* y el establecimiento de centros culturales en América Latina, o incluso mediante la activa labor de las Embajadas de Rusia en países latinoamericanos a través de redes sociales. Sin embargo, en lo que concierne a los medios de comunicación *RT* y *Sputnik*, se ha observado que sus narrativas, más que lanzar mensajes culturales o diplomáticos en estos países, se centran en perjudicar la influencia occidental de los mismos, especialmente la estadounidense, a la que la región de Latinoamérica se ha visto muy expuesta debido a su proximidad geográfica.

RT y *Sputnik* se centran en campañas de desinformación que utilizan el *sharp power* como estrategia para desestabilizar a los rivales de Moscú y posicionar a Rusia como una nación aliada de la región latinoamericana y una alternativa mucho más sólida que la occidental. Por tanto, no vemos tanto una estrategia de *soft power*, sino que observamos que es el *sharp power* lo que predomina en sus mensajes.

La segunda hipótesis está estrechamente relacionada con la primera y afirmaba que el Kremlin ha aprovechado varios momentos críticos e inestables de los países de Occidente para mermar su influencia en América Latina. Esta hipótesis ha quedado totalmente corroborada por los siguientes motivos:

Durante la época zarista y hasta antes de la Guerra Fría, la desinformación rusa se centraba en mantener controlada a la población y promover una imagen favorable del gobierno de turno a nivel nacional. Es a partir de la Guerra Fría cuando se produce un punto de inflexión decisivo a la hora de hablar del uso de campañas de desinformación como estrategia de política exterior. Las conocidas 'medidas activas' desarrolladas por el régimen ruso durante la Guerra Fría parecen ser el primer intento significativo por parte del Kremlin de utilizar la desinformación como herramienta de política exterior para influir en la percepción que se tenía de Rusia en el exterior y socavar la reputación de su rival estadounidense a través de campañas de desinformación como la *Operación Denver*. Es en este contexto donde entran en juego las estrategias de *sharp power*, cuyo objetivo consiste en desestabilizar a las naciones e instituciones democráticas. Las 'medidas activas' fueron creadas con el objetivo de debilitar a Occidente, particularmente a EE. UU. y a sus aliados de la OTAN. Constituyen, por tanto, una estrategia de desinformación creada por el Kremlin que puede equipararse a las narrativas prorrusas a las que se encargan de dar voz hoy en día los dos medios de comunicación analizados, *RT* y *Sputnik*.

Se ha observado un aumento significativo de la desinformación propagada por *RT* y *Sputnik* a raíz del referéndum del Brexit y de las elecciones estadounidenses celebradas en el año 2016, dos momentos de cierta tensión en la sociedad occidental que han sido aprovechados por el Kremlin para usarla en su contra y afianzar sus propios intereses internacionales.

Se han contemplado grandes esfuerzos por parte de *RT* y *Sputnik* en promocionar la vacuna rusa *Sputnik V* dentro del territorio latinoamericano (una de las regiones más golpeadas por la enfermedad en todo el mundo) criticando la gestión de la crisis sanitaria por parte de Occidente y culpando a EE. UU. de haber fabricado el virus en un laboratorio de la OTAN de forma intencionada para utilizarlo como arma biológica contra China.

RT y *Sputnik* han intensificado sus campañas de desinformación en América Latina a raíz de la guerra de Ucrania de 2022, especialmente a través de sus redes sociales. Mientras muchos países le dan la espalda a Putin en su invasión de Ucrania y aplican sanciones contra sus medios de comunicación, Rusia encuentra respaldo en ciertos países latinoamericanos que se muestran predispuestos a apoyarle a toda costa. En este contexto, se ha observado un aumento intensificado tanto de los flujos de información relativos a la guerra en Latinoamérica, como de las reacciones que estos intercambios de información provocan en redes sociales.

Podemos concluir, por tanto, que Rusia sí está utilizando estrategias de desinformación en América Latina a través de medios de comunicación como *RT* y *Sputnik* para fortalecer sus intereses geopolíticos. Estas estrategias se centran en un uso cada vez más recurrente del *sharp power* que aprovecha las debilidades de Occidente para perjudicar los sistemas e instituciones democráticos a través de narrativas engañosas. La falta de regulación contra la desinformación, así como la simpatía de algunos regímenes latinoamericanos con Putin, han fomentado que el Kremlin identifique a la población latinoamericana como un nuevo objetivo de sus estrategias de desinformación. Parece complicado, por tanto, que el impacto de medios de comunicación como *RT* y *Sputnik* se vea menguado mientras no existan mecanismos que limiten y controlen este tipo de prácticas y resulta preocupante, al mismo tiempo, que estos medios logren surtir efecto en la tergiversación de la opinión pública latinoamericana.

Bibliografía

Fuentes primarias

BORRELL, J. La lucha contra la desinformación y la manipulación es crucial. *Unión Europea* [en línea], 2020 [fecha de consulta 19 de junio de 2023]. Disponible en https://www.eeas.europa.eu/eeas/la-lucha-contra-la-desinformaci%C3%B3n-y-la-manipulaci%C3%B3n-es-crucial_es

COMISIÓN EUROPEA. Joint communication to the European Parliament, the European Council, the Council, the European Economic and Social Committee and the Committee of the regions. *Unión Europea* [en línea], 2019 [fecha de consulta 18 de mayo de 2023]. Disponible en https://www.eeas.europa.eu/sites/default/files/joint_report_on_disinformation.pdf

COMISIÓN EUROPEA. Lucha contra la desinformación. *Unión Europea* [en línea] [s.f] [fecha de consulta 12 de junio de 2023]. Disponible en https://commission.europa.eu/strategy-and-policy/coronavirus-response/fighting-disinformation_es

COMISIÓN EUROPEA. Plan de Acción de la UE para los Derechos Humanos y la Democracia 2020-2024. *Unión Europea.* [en línea], 2020 [fecha de consulta 12 de marzo de 2023]. Disponible en https://eur-lex.europa.eu/legal-content/ES/TXT/HTML/?uri=CELEX:52020JC0005

COMISIÓN EUROPEA. Un Código de Buenas prácticas de la UE en materia de Desinformación reforzado. *Unión Europea*, [en línea], 2022 [fecha de consulta 18 de mayo de 2023]. Disponible en https://commission.europa.eu/strategy-and-policy/priorities-2019-2024/new-push-european-democracy/european-democracy-action-plan/strengthened-eu-code-practice-disinformation_es

COMITÉ PARA LA SEGURIDAD DEL ESTADO DE LA UNIÓN SOVIÉTICA (KGB). KGB, Information Nr. 2955 [to Bulgarian State Security]. *Wilson Center* [en línea], 1985 [fecha de consulta 28 de marzo de 2023]. Disponible en https://digitalarchive.wilsoncenter.org/document/kgb-information-nr-2955-bulgarian-state-security

CONSEJO DE LA UE. La UE impone sanciones a la radiodifusión en la UE de las emisoras de propiedad estatal RT-Russia Today y Sputnik. *Unión Europea* [en línea], 2022 [fecha de consulta 25 de junio de 2023]. Disponible en https://www.consilium.europa.eu/es/press/press-releases/2022/03/02/eu-imposes-sanctions-on-state-owned-outlets-rt-russia-today-and-sputnik-s-broadcasting-in-the-eu/

LENIN, V.I. ¿Qué hacer? *Marxists Internet Archive* [en línea], 2000 [fecha de consulta 29 de marzo de 2023]. Disponible en https://www.marxists.org/espanol/lenin/obras/1900s/quehacer/index.htm

MACRON, E. Macron slams RT, Sputnik news as 'lying propaganda' at Putin press conference. En: *Youtube* [vídeo en línea]. Publicado por *France 24 English* el 30 de mayo de 2017 [fecha de consulta 28 de abril de 2023]. Disponible en https://www.youtube.com/watch?v=gT9sl4Cm3sQ

ORGANIZACIÓN PANAMERICANA DE LA SALUD. Entender la infodemia y la desinformación en la lucha contra la COVID-19. *Organización Mundial de la Salud* [en línea], 2020 [fecha de consulta 18 de junio de 2023]. Disponible en https://iris.paho.org/bitstream/handle/10665.2/52053/Factsheet-Infodemic_spa.pdf

PARLAMENTO EUROPEO. Informe sobre las injerencias extranjeras en todos los procesos democráticos de la Unión Europea, en particular, la desinformación. *Unión Europea* [en línea], 2020 [fecha de consulta 12 de marzo de 2023] Disponible en https://www.europarl.europa.eu/doceo/document/A-9-2022-0022_ES.html

ROUVINSKI, V. ¿El "retorno ruso" a América Latina? Entrevista a Vladimir Rouvinski. *Nueva Sociedad* [en línea], 2017 [fecha de consulta 11 de junio de 2023]. Disponible en https://nuso.org/articulo/rusia-entre-nosotros/

SIMONIÁN, M. Meanwhile on Russian state TV: head of RT Margarita Simonyan remembers her days as a proud pioneer drummer, demands less freedom, more censorship—just like China or the USSR. *Twitter: @JuliaDavisNews* [en línea], 2022 [fecha de consulta 19 de mayo de 2023]. Disponible en https://twitter.com/juliadavisnews/status/1514339222118883334?lang=en

PUTIN, V. Putin talks NSA, Syria, Iran, drones in RT interview. En: *Youtube* [vídeo en línea]. Publicado el 12 de enero de 2014 por *WorldNews* [fecha de consulta 14 de mayo de 2023]. Disponible en https://www.youtube.com/watch?v=PD6k-ceyGlA

UNITED STATES DEPARTMENT OF STATE. A Report on Active Measures and Propaganda, 1986-87. *United States Department of State* [en línea], 1987 [fecha de consulta 25 de marzo de 2023]. Disponible en https://www.globalsecurity.org/intell/library/reports/1987/soviet-influence-activities-1987.pdf

UNITED STATES DEPARTMENT OF STATE, Bureau of Public Affairs. Soviet Active Measures and Propaganda, 1986-87. *United States Department of State* [en línea], 1981, Special Report No 88. [fecha de consulta 25 de marzo de 2023]. Disponible en https://www.hsdl.org/?view&did=807615

VASÍLIEV, A.T. Ochrana. Memorias del último director de la policía rusa. 1ª Edición. Madrid: Espasa-Calpe, 1930.

Fuentes secundarias

ABEL, G. M. Nicolás II, el último zar de Rusia. *National Geographic* [en línea], 2022 [fecha de consulta 28 de febrero de 2023]. Disponible en https://historia.nationalgeographic.com.es/a/nicolas-ii-ultimo-zar-rusia_15812

AGITPROPARCHIVE. Pancarta de 1918 en Petrogrado que reza: "Muerte a los burgueses y sus ayudantes. Viva el terror rojo". *Twitter* [en línea], 2020 [fecha de consulta 14 de febrero de 2023]. Disponible en https://twitter.com/AgitPropArchive/status/1215240050075754496

AJIR, M. & VAILLIANT, B. Russian Information Warfare: Implications for Deterrence Theory. *Strategic Studies Quarterly* [en línea], 2018 [fecha de consulta 15 de febrero de 2023]. Disponible en https://www.airuniversity.af.edu/Portals/10/SSQ/documents/Volume-12_Issue-3/Ajir.pdf

ALANDETE, D. La trama rusa empleó redes chavistas para agravar la crisis catalana. *El País* [en línea], 2017 [fecha de consulta 14 de mayo de 2023]. Disponible en https://elpais.com/politica/2017/11/10/actualidad/1510341089_316043.html

ARMADA, J. ¿Cómo nació el KGB? *La Vanguardia* [en línea], 2017 [fecha de consulta 26 de marzo de 2023]. Disponible en https://www.lavanguardia.com/historiayvida/historia-contemporanea/20171013/47314359441/como-nacio-el-kgb.html

ARRIBAS, F. & BARBERÁ, R. La Revolución Bolchevique: los orígenes de la propaganda y la manipulación de la opinión pública. *Historia y Comunicación Social* [en línea]. 23(1), 2018. [fecha de consulta 24 de marzo de 2023]. ISSN-e 1988-3056. DOI http://dx.doi.org/10.5209/HICS.59832. Disponible en https://revistas.ucm.es/index.php/HICS/article/view/59832/4564456546910

BALADO GARCÍA, C. El impuesto de la banca y el uso del agitprop. *Cinco días* [en línea], 2022 [fecha de consulta 18 de febrero de 2023]. Disponible en https://cincodias.elpais.com/cincodias/2022/08/23/opinion/1661251016_903690.html

BARNES, J. E. La desinformación rusa tiene dos objetivos: las vacunas y el gobierno de Biden. *New York Times* [en línea], 2021 [fecha de consulta 21 de junio de 2023]. Disponible en https://www.nytimes.com/es/2021/08/11/espanol/desinformacion-vacunas.html

BBC. Cómo operaba la "Checa", la cruel policía secreta bolchevique responsable de instaurar el "Terror Rojo" en Rusia. *BBC News,* 2022 [en línea]. [fecha de consulta 24 de marzo de 2023]. Disponible en https://www.bbc.com/mundo/noticias-internacional-60833154

BLANCO ALFONSO, I. et al. El impacto de las fake news en la investigación en Ciencias Sociales. *Revisión bibliográfica sistematizada. Historia y comunicación social* [en línea]. 2019. 24 (2), 449-469 [fecha de consulta 2 de marzo de 2023]. ISSN:-e: 1988-3056. DOI: https://dx.doi.org/10.5209/hics.66290

BRANDFINANCE. Global Soft Power Index 2023. *Brand Finance* [en línea], 2023 [fecha de consulta 29 de mayo de 2023]. Disponible en https://static.brandirectory.com/reports/brand-finance-soft-power-index-2023-digital.pdf

BROWNE, M. et al. Satellite images show bodies lay in Bucha for weeks, despite Russian claims. *New York Times* [en línea], 2022 [fecha de consulta 28 de junio de 2023]. Disponible en https://dialogo-americas.com/articles/russia-sows-disinformation-in-latin-america/

CALVO SANTOS, M. Golpead a los blancos con la cuña roja. *Historia Arte* [en línea], 2017 [fecha de consulta 12 de febrero de 2023]. Disponible en https://historia-arte.com/obras/golpead-a-los-blancos-con-la-cuna-roja

CASTELLANOS, R. ¿Qué es el poder blando? *El Orden Mundial* [en línea], 2020 [fecha de consulta: 5 de junio de 2023]. Disponible en https://elordenmundial.com/que-es-poder-blando-soft-power/

CILANO PELAEZ, J. & ISABEL PUERTA, M. Así nos habla el Kremlin: Narrativa y medios de comunicación rusos en América Latina. *Trópico Absoluto* [en línea], 2022 [fecha de consulta 13 de junio de 2023]. Disponible en https://tropicoabsoluto.com/2022/09/30/asi-nos-habla-el-kremlin-narrativa-y-medios-de-comunicacion-rusos-en-america-latina/

CLEMENTE, E. Cataluña, último objetivo de la maquinaria de desinformación rusa. *La Voz de Galicia* [en línea], 2017 [fecha de consulta 20 de mayo de 2023]. Disponible en https://www.lavozdegalicia.es/noticia/espana/2017/11/18/cataluna-ultimo-objetivo-maquinaria-desinformacion-rusa/0003_201711G18P5998.htm

COLL, J. Agitprop: agitación para mantenerse unidos. *SEIS60* [en línea], 2018 [fecha de consulta 12 de febrero de 2023] Disponible en https://seis60.com/agitprop-agitacion-para-mantenerse-unidos/

COLOMINA, C. La desinformación de nueva generación. *Política Exterior* [en línea], 2019 [fecha de consulta 20 de febrero de 2023]. Disponible en https://www.politicaexterior.com/la-desinformacion-nueva-generacion/

COLOM PIELLA, G. Anatomía de la desinformación rusa. *Historia y Comunicación Social*, 2019 [en línea]. [fecha de consulta 26 de marzo de 2023]. ISSN 1137-0734. DOI http://dx.doi.org/10.5209/hics.63373. Disponible en https://revistas.ucm.es/index.php/HICS/article/view/63373/4564456554965

CONTRERAS SAURA, E. Un paseo por la historia de la desinformación: la Operación Confianza. *Atalayar. Las claves del mundo en tus manos*, 2022 [en línea]. [fecha de consulta 25 de marzo de 2023]. Disponible en https://atalayar.com/blog/un-paseo-por-la-historia-de-la-desinformaci%C3%B3n-la-operaci%C3%B3n-confianza

DEL CASTILLO, C. Irina, el "perfil artificial" que trae la propaganda bélica del Kremlin a Twitter. *ElDiario.es* [en línea], 2022 [fecha de consulta 15 de abril de 2023] Disponible en https://www.eldiario.es/tecnologia/irina-perfil-artificial-trae-propaganda-belica-kremlin-twitter_1_8871393.html

DE PEDRO, N. La sombra del Kremlin en las elecciones de Estados Unidos. *CIDOB* [en línea], 2016 [fecha de consulta 18 de abril de 2023]. Disponible en https://www.cidob.org/es/articulos/monografias/elecciones_presidenciales_en_estados_unidos/la_sombra_del_kremlin_en_las_elecciones_de_estados_unidos

ELLAKURÍA, I. El Parlamento Europeo constata que Rusia interfirió en Cataluña. *El Mundo* [en línea], 2021 [fecha de consulta 18 de mayo de 2023]. Disponible en https://www.elmundo.es/cataluna/2021/11/09/61896962e4d4d840138b458a.html

ELLEHUUS, R. Mind the gaps: Assessing Russian influences in the United Kingdom. *Center for strategic & international studies* [en línea], 2020 [fecha de consulta 18 de junio de 2023]. Disponible en https://csis-website-prod.s3.amazonaws.com/s3fs-public/publication/20720_Ellehuus_GEC_FullReport_FINAL.pdf

EL MUNDO. El polémico vídeo de Rusia para que se muden al país: "Tenemos gas barato y mujeres bonitas". *Youtube*, [en línea], 2022 [fecha de consulta 16 de abril de 2023]. Disponible en https://www.youtube.com/watch?v=A68d-14O0-Y

EL MUNDO. Maduro muestra su apoyo a Putin: "Es una locura lo que están haciendo con Rusia". En: *Youtube* [vídeo en línea]. Publicado el 3 de marzo de 2022 [fecha de consulta 15 de junio de 2023]. Disponible en https://www.youtube.com/watch?v=U70CZ8wbwvs

EL PERIÓDICO. El 'kompromat', versión rusa del chantaje por relaciones sentimentales. *El Periódico* [en línea], 2017 [fecha de consulta 28 de marzo de 2023]. Disponible en https://www.elperiodico.com/es/internacional/20170112/el-kompromat-version-rusa-del-chantaje-5738884

ELSWAH, M. & HOWARD, N. P. "Anything that causes chaos": The organizational behavior of Russia Today (RT). *Journal of Communication* [en línea], 2020, Vol. 70 (5). 623-645 [fecha de consulta 18 de mayo de 2023]. Disponible en https://academic.oup.com/joc/article/70/5/623/5912109

EMBRUSPAN. #Kremlin: Los verdaderos neonazis son los mismos que en 2014 comenzaron a matar a su propia gente en el sureste de Ucrania. *Twitter* [en línea], 2022 [fecha de consulta 19 de junio de 2023]. Disponible en https://twitter.com/EmbRusPan/status/1499176895677673474

ETCHALECO, H. E. Agitación y propaganda. Los medios de comunicación masiva en la Unión Soviética. *Universidad de Tucumán* [en línea], 2007 [fecha de consulta 28 de marzo de 2023]. Disponible en https://cdsa.aacademica.org/000-108/858.pdf

EUROPA PRESS. Netflix, Google, Volkswagen, Nike o H&M: las empresas que ya han vetado a Rusia por la guerra. *Europapress* [en línea], 2022 [fecha de consulta 28 de junio de 2023]. Disponible en https://www.europapress.es/economia/noticia-netflix-google-volkswagen-nike-hm-empresas-ya-vetado-rusia-guerra-ucrania-20220303163827.html

EUvsDisinfo. Disinfo: a new Chinese coronavirus was likely elaborated in NATO biolabs. *EUvsDisinfo* [en línea], 2020 [fecha de consulta 20 de junio de 2023] Disponible en https://euvsdisinfo.eu/report/a-new-chinese-coronavirus-was-likely-elaborated-in-nato-biolabs/

EUvsDisinfo. Disinfo: Coronavirus is a biological weapon, according to scientists. *EUvsDisinfo* [en línea], 2020 [fecha de consulta 19 de junio de 2023]. Disponible en https://euvsdisinfo.eu/report/coronavirus-biological-weapon-according-scientists/

EUvsDisinfo. Las armas del engaño del Kremlin: siete cosas que debes saber sobre RT y Sputnik. *EuvsDisinfo* [en línea], 2022 [fecha de consulta 17 de abril de 2023]. Disponible en https://euvsdisinfo.eu/es/las-armas-del-engano-del-kremlin-siete-cosas-que-debes-saber-sobre-rt-y-sputnik/

EUvsDisinfo. Los medios de comunicación pro-Kremlin como herramienta de marketing: promoción de la vacuna *Sputnik V* en Latinoamérica. *EUvsDisinfo* [en línea], 2020 [fecha de consulta 21 de junio de 2023]. Disponible en https://euvsdisinfo.eu/es/los-medios-de-comunicacion-pro-kremlin-como-herramienta-de-marketing-promocion-de-la-vacuna-sputnik-v-en-latinoamerica/

EUvsDisinfo. Throwing coronavirus disinfo at the wall to see what sticks. *EUvsDisinfo* [en línea], 2020 [fecha de consulta 18 de junio de 2023]. Disponible en https://euvsdisinfo.eu/throwing-coronavirus-disinfo-at-the-wall-to-see-what-sticks/

FEINBERG, A. My life at a Russian propaganda network. *Politico Magazine* [en línea], 2017 [fecha de consulta 23 de mayo de 2023]. Disponible en https://www.politico.com/magazine/story/2017/08/21/russian-propaganda-sputnik-reporter-215511/

FEINBERG, A. Seems @SputnikInt isn't happy with real journalists. They'd rather have ACTUAL propagandists operate anonymously. Twitter [en línea], 2017 [fecha de consulta 24 de mayo de 2023]. Disponible en: https://twitter.com/AndrewFeinberg/status/868125018059939840?ref_src=twsrc%5Etfw%7Ctwcamp%5Etweet-embed%7Ctwterm%5E868125018059939840%7Ctwgr%5E18fa00ea4aabf323e8dbfca51d9092b-d32ea2930%7Ctwcon%5Es1_&ref_url=https%3A%2F%2Fwww.washingtonpost.com%2Fblogs%2Ferik-wemple%2Fwp%2F2017%2F05%2F26%2Fwhite-house-correspondent-bolts-sputnik-over-the-obvious%2F

GIMÉNEZ CHUECA, I. 'Los protocolos de los sabios de Sion', la mentira que no muere. *La Vanguardia* [en línea] 2021 [fecha de consulta 12 de marzo de 2023]. Disponible en https://www.lavanguardia.com/historiayvida/historia-contemporanea/20210218/6250329/protocolos-sabios-sion-antisemitismo.html

GLOBAL ENGAGEMENT CENTER. Medios financiados por el Kremlin: el papel de RT y Sputnik en el ecosistema de desinformación y propaganda de Rusia. *Departamento de Estado de EE. UU* [en línea], 2022 [fecha de consulta 18 de mayo de 2023]. Disponible en https://www.state.gov/wp-content/uploads/2022/03/Kremlin-Funded-Media_Spanish_March-07_508.pdf

GLOBAL ENGAGEMENT CENTER. Spinning Nemtosv's Murder and Attempted Murders of Navalny and Skripal. Global Engagement Center, 2021 [en línea] [fecha de consulta 29 de marzo de 2023]. Disponible en https://e. america.gov/t/ViewEmail/i/0B93A366709ABDE82540EF23F30FEDED

GONZÁLEZ CERULLI, L. F. ¿Por qué la injerencia de China y Rusia en América Latina es más que poder blando? Mejor hablemos de 'sharp power'. *Centro para el Estudio de las sociedades abiertas.* [en línea], 2023 [fecha de consulta 19 de mayo de 2023]. Disponible en https://cescos.org/hablemos-de-sharp-power/

GREGORIO GONZÁLEZ, M. Breve historia de la iniquidad. *Diario de Sevilla* [en línea], 2018 [fecha de consulta 18 de febrero de 2023]. Disponible en https://www.diariodesevilla.es/ocio/Breve-historia-iniquidad_0_433157258.html

GUEVARA, T. Redes de desinformación chinas y rusas penetran en Latinoamérica, expertos. *Voz de América* [en línea], 2023 [fecha de consulta 30 de junio de 2023]. Disponible en https://www.vozdeamerica.com/a/redes-de-desinformacion-china-y-rusas-penetran-en-latinoamerica-expertos/7067324.html

GUTIERREZ SANCHEZ, O. Donald Trump y las acusaciones de interferencia rusa en las elecciones presidenciales de Estados Unidos de 2016. *Universidad Nacional de Salta* [en línea], 2019 [fecha de consulta 14 de mayo de 2023]. Disponible en https://www.aacademica.org/osvaldo.gutierrez.sanchez/5.pdf

HARRIS, M. Putin's Brexit? The influence of Kremlin media & bots during the 2016 UK EU referendum. *89up* [en línea], 2018 [fecha de consulta 15 de mayo de 2023]. Disponible en

https://89up.org/russia-report?utm_source=newsletter&utm_medium=email&utm_campaign=rt_and_sputnik_had_more_twitter_outreach_than_official_brexit_campaigns&utm_term=2023-06-30

INTELLIGENCE AND SECURITY COMMITTEE OF PARLIAMENT. Russia report. *Intelligence and security committee of parliament* [en línea], 2020 [fecha de consulta 19 de mayo de 2023]. Disponible en https://isc.independent.gov. uk/wp-content/uploads/2021/03/CCS207_CCS0221966010-001_Russia-Report-v02-Web_Accessible.pdf

IRIARTE, D. Bulos, aviones y el fin de la Unión Europea: la propaganda de Putin golpea donde duele. *El Confidencial* [en línea], 2020 [fecha de consulta 19 de junio de 2023]. Disponible en https://www.elconfidencial. com/mundo/2020-04-03/rusia-union-europea-propaganda-putin_2531351/

KAHN, G. Bloqueada en Occidente, la propaganda rusa prospera en español en TV y redes sociales. *Reuters Institute for the Study of Journalism* [en línea] [s.f] [fecha de consulta 14 de abril de 2023]. Disponible en https://reutersinstitute.politics. ox.ac.uk/es/news/bloqueada-en-occidente-la-propaganda-rusa-prospera-en-espanol-en-tv-y-redes-sociales

LESACA, J. Why did Russian social media swarm the digital conversation about Catalan independence? *The Washington Post* [en línea], 2017 [fecha de consulta 18 de mayo de 2023]. Disponible en https://www.washingtonpost. com/news/monkey-cage/wp/2017/11/22/why-did-russian-social-media-swarm-the-digital-conversation-about-catalan-independence/

LÓPEZ, B. Análisis de poder: el *sharp power*. *El Foco* [en línea], 2021, 4 [fecha de consulta 9 de junio de 2023] ISSN 2697-0317. Disponible en https://www.fei.org.es/wp-content/uploads/2021/05/EL-FOCO-N4.pdf

LÓPEZ SÁNCHEZ, G. La masiva maniobra de espionaje que permitió el nacimiento de la URSS. *ABC*, [en línea], 2014 [fecha de consulta 26 de marzo de 2023]. Disponible en https://www.abc.es/archivo-historia-abc/20141201/abci-operacion-confianza-cheka-urss-201411301734.html

MAHAIRAS, A. & DVILYANSKI, M. Disinformation – Дезинформация (Dezinformatsiya). *The Cyber Defense Review Vol. 3, No. 3 (FALL 2018), pp. 21-28 Published by: Army Cyber Institute* [en línea]. [fecha de consulta 27 de marzo de 2023]. Disponible en https://www.jstor.org/stable/pdf/26554993.pdf

MARGINEDAS, M. La cadena RT y la agencia 'Spútnik', los arietes del Kremlin para denigrar Clinton. *El Periódico* [en línea], 2017 [fecha de consulta 19 de mayo de 2023].a Disponible en https://www.elperiodico. com/es/internacional/20170710/la-cadena-rt-y-la-agencia-sputnik-los-arietes-del-kremlin-para-denigrar-a-clinton-6159671

MARTÍNEZ, D. The current perspective on sharp power. *Revista electrónica de estudios internacionales* [en línea]. 2021, nº42 [fecha de consulta 6 de junio de 2023]. ISSN-e 1697-5197. Disponible en https://dialnet.unirioja.es/servlet/articulo?codigo=8202335

MCCLUSKEY, M. et al. La vacuna rusa Sputnik V amplía su alcance en América Latina. *CNN* [en línea], 2021 [fecha de consulta 24 de junio de 2023]. Disponible en https://cnnespanol.cnn.com/2021/03/04/la-vacuna-rusa-sputnik-v-amplia-su-alcance-en-america-latina/#:~:text=El%20pa%C3%ADs%20ya%20ha%20distribuido,cantidad%20no%20revelada%20de%20dosis

MILOSEVICH-JUARISTI, M. El poder de la influencia rusa: la desinformación. Real Instituto Elcano, [en línea], 2017 [fecha de consulta 28 de marzo de 2023]. Disponible en https://www.realinstitutoelcano.org/analisis/el-poder-de-la-influencia-rusa-la-desinformacion/

MILOSEVICH-JUARISTI, M. La "combinación", instrumento de la guerra de la información de Rusia en Cataluña. *Real Instituto Elcano* [en línea], 2017 [fecha de consulta 19 de mayo de 2023]. Disponible en https://www.realinstitutoelcano.org/analisis/la-combinacion-instrumento-de-la-guerra-de-la-informacion-de-rusia-en-cataluna/

MILOSEVICH-JUARISTI, M. ¿Por qué hay que analizar y comprender las campañas de desinformación de China y Rusia sobre el COVID-19? *Real Instituto Elcano*, [en línea], 2020 [fecha de consulta 19 de junio de 2023]. Disponible en https://www.realinstitutoelcano.org/analisis/por-que-hay-que-analizar-y-comprender-las-campanas-de-desinformacion-de-china-y-rusia-sobre-el-covid-19/

MILOSEVICH-JUARISTI, M. Rusia en América Latina: repercusiones para España. *Real Instituto Elcano.* [en línea], 2019 [fecha de consulta 10 de junio de 2023]. Disponible en https://media.realinstitutoelcano.org/wp-content/uploads/2021/10/dt02-2019-milosevichjuaristi-rusia-en-america-latina.pdf

MONTAGUT, E. La policía política zarista. *Nueva Tribuna* [en línea], 2016 [fecha de consulta 18 de febrero de 2023]. Disponible en https://www.nuevatribuna.es/articulo/historia/policia-politica-zarista/20160515192036128356.html

MOURELLE, D. Al filo del *sharp power. El Orden Mundial* [en línea], 2018 [fecha de consulta 5 de junio de 2023]. Disponible en https://elordenmundial.com/al-filo-del-sharp-power/

NATIONAL INTELLIGENCE COUNCIL. Background to "Assessing Russian Activities and Intentions in Recent US Elections": The analytic Process and Cyber Incident Attribution. *National Intelligence Council* [en línea], 2017 [fecha de consulta 28 de mayo de 2023]. Disponible en https://www.dni.gov/files/documents/ICA_2017_01.pdf

NBC NEWS. Russia disinformation on Ukraine spreads on Spanish-speaking social media. *NBC News* [en línea], 2022 [fecha de consulta 28 de junio de 2023]. Disponible en https://www.nbcnews.com/news/latino/russia-disinformation-ukraine-spreading-spanish-speaking-media-rcna22843

OLMO Y ROMERO, J. Desinformación: concepto y perspectivas. *Real Instituto Elcano* [en línea]. 2019. [fecha de consulta 2 de marzo de 2023]. Disponible en https://www.realinstitutoelcano.org/analisis/desinformacion-concepto-y-perspectivas/

ORTEGA, I. Rusia quiere vacunar contra la COVID-19 a toda América Latina. *Heraldo de Aragón* [en línea], 2020 [fecha de consulta 20 de junio de 2023]. Disponible en https://www.heraldo.es/noticias/internacional/2020/09/12/rusia-quiere-vacunar-contra-la-covid-19-a-toda-america-latina-1394997.html

PAREDES, N. Operación Denver: la campaña de desinformación de la KGB para hacer creer que el VIH/sida fue inventado por EE.UU. (y sus letales consecuencias). *BBC News* [en línea], 2020 [fecha de consulta 25 de marzo de 2023]. Disponible en https://www.bbc.com/mundo/noticias-internacional-54088146

PARROCHA, A. Believe in what you do, Sputnik exec tells foreign journos. *Philippines News Agency* [en línea], 2018 [fecha de consulta 28 de mayo de 2023]. Disponible en https://www.pna.gov.ph/articles/1052874

PASTOR GÓMEZ, M. L. ¿Rusia realmente ha retornado a América Latina? *Instituto Español de Estudios Estratégicos* [en línea], 2019 [fecha de consulta 2 de junio de 2023]. Disponible en https://dialnet.unirioja.es/servlet/articulo?codigo=6962175

PELCASTRE, J. Russia sows disinformation in Latin America. *Diálogo Américas* [en línea], 2022 [fecha de consulta 28 de junio de 2023]. Disponible en https://dialogo-americas.com/articles/russia-sows-disinformation-in-latin-america/

PIZARROSO QUINTERO, A. Justificando la guerra. Manipulación de la opinión pública en los conflictos más recientes. *Comunicación: Revista Internacional de Comunicación Audiovisual, Publicidad y Estudios Culturales* [en línea]. 2008. 1 (6), 3-19 [fecha de consulta 3 de marzo de 2023]. ISSN: 1695-6206.

PONCE DE LEÓN, E. A glimpse into RT's Latin American audience. *DFRLab* [en línea], 2020 [fecha de consulta 20 de junio de 2023]. Disponible en https://medium.com/dfrlab/a-glimpse-into-rts-latin-american-audience-487d52bed507

PONCE DE LEÓN, E. RT and Sputnik in Spanish boosted by Russian embassy tweets and suspicious accounts. *DFRLab* [en línea], 2022 [fecha de consulta 28 de junio de 2023]. Disponible en https://medium.com/dfrlab/rt-and-sputnik-in-spanish-boosted-by-russian-embassy-tweets-and-suspicious-accounts-3a24ded7ef57

QUIÑONES DE LA IGLESIA, F. J. Desinformación y subversión (2.0): las técnicas de la Guerra Fría reaparecen en el dominio informativo del siglo XXI. *Instituto Español de Estudios Estratégicos* [en línea], 2021 [fecha de consulta 19 de febrero de 2023]. Disponible en https://www.ieee.es/Galerias/fichero/docs_marco/2021/DIEEEM12_2021_FRAQUI_Desinformacion.pdf

REBÓN, M. Un crimen sin castigo. *El País* [en línea], 2020 [fecha de consulta 25 de marzo de 2023]. Disponible en https://elpais.com/cultura/2020/04/07/babelia/1586275860_042227.html

REPORTEROS SIN FRONTERAS. Clasificación mundial de la libertad de prensa 2022. *Reporteros sin Fronteras* [en línea], 2022 [fecha de consulta 12 de marzo de 2023]. Disponible en https://www.rsf-es.org/clasificacion-2022-tabla-de-paises/

RICHTER, M. The Kremlin's Platform for 'Useful Idiots' in the West: An Overview of RT's Editorial Strategy and Evidence of Impact. *Kremlin Watch Report* [en línea], 2017 [fecha de consulta 10 de mayo de 2023]. Disponible en https://web.archive.org/web/20180323084559/http:/www.europeanvalues.net/wp-content/uploads/2017/09/Overview-of-RTs-Editorial-Strategy-and-Evidence-of-Impact-1.pdf

RID, T. Desinformación y guerra política. *La Silla Rota* [en línea], 2022 [fecha de consulta 25 de marzo de 2023]. Disponible en https://lasillarota.com/opinion/adelantos-editoriales/2021/12/11/desinformacion-guerra-politica-thomas-rid-360268.html

RODRÍGUEZ ANDRÉS, R. Fundamentos del concepto de desinformación como práctica manipuladora en la comunicación política y las relaciones internacionales. *Historia y Comunicación Social* [en línea], 2018. 23 (1). 231-244. [fecha de consulta 1 de marzo de 2023]. ISSNe: 1988-3056. DOI 10.3145/epi.2010.nov.01

RODRÍGUEZ FERNÁNDEZ, L. Propaganda digital. *Comunicación en tiempos de desinformación*. 1ª ed. Barcelona: Editorial UOC, 2021. ISBN: 978-84-9180-792-6.

ROMERO-RODRÍGUEZ, L. M. *Pragmática de la desinformación: Estratagemas e incidencia de la calidad informativa de los medios* [en línea]. Tesis doctoral inédita, Universidad de Huelva, 2014. [fecha de consulta 12 de marzo de 2023]. Disponible en https://www.doctorado-comunicacion.es/ficheros/doctorandos/H6.pdf

RUSSIA BEYOND. 15 carteles que muestran el odio durante la guerra civil en Rusia. *Russia Beyond* [en línea], 2018 [fecha de consulta 14 de febrero de 2023]. Disponible en https://es.rbth.com/historia/82053-carteles-odio-guerrra-civil-rusia

RUSSKIY MIR. Fines y tareas. *Russkiy Mir* [en línea], 2020 [fecha de consulta 13 de junio de 2023]. Disponible en https://russkiymir.ru/es/fines-y-tares/

SADURNÍ, J. M. La masacre del bosque de Katyn. *National Geographic* [en línea], 2020 [fecha de consulta 27 de marzo de 2023]. Disponible en https://historia.nationalgeographic.com.es/a/masacre-bosque-katyn_15327

SCHOEN, F. & LAMB, C. J. Deception, Disinformation, and Strategic Communications: How One Interagency Group Made a Major Difference. *Strategic Perspectives* [en línea]. 2012, No.11 [fecha de consulta 24 de marzo 2023] ISSN 0081-6493. Disponible en https://ndupress.ndu.edu/portals/68/documents/stratperspective/inss/strategic-perspectives-11.pdf

SEIS60. Agitprop: agitación para mantenerse unidos. *SEIS60* [en línea], 2018 [fecha de consulta 12 de febrero de 2023] Disponible en https://seis60.com/agitprop-agitacion-para-mantenerse-unidos/

SHEKHOVTSOV, A. Operation COVID? *Centre for Democratic Integrity* [en línea], 2020 [fecha de consulta 28 de febrero de 2023]. Disponible en https://democratic-integrity.eu/anton-shekhovtsov-operation-covid/

SILVA, M. ¿Está tratando Rusia de interferir en las elecciones europeas? *BBC* [en línea], 2019 [fecha de consulta 10 de mayo de 2023]. Disponible en https://www.bbc.com/mundo/noticias-internacional-48331339

SIMILARWEB. Actualidad.rt.com. *Similarweb* [en línea], 2023 [fecha de consulta 28 de junio de 2023]. Disponible en https://www.similarweb.com/website/actualidad.rt.com/#overview

SIMILARWEB. Sputniknews.lat. *Similarweb* [en línea], 2023 [fecha de consulta 28 de junio de 2023]. Disponible en https://www.similarweb.com/es/website/sputniknews.lat/#geography

SIXMA, A. La desinformación como amenaza para la democracia: el caso del Brexit. *Instituto Español de Estudios Estratégicos* [en línea], 2023 [fecha de consulta 15 de junio de 2023]. Disponible en https://www.ieee.es/Galerias/fichero/docs_opinion/2023/DIEEEO42_2023_ANNSIX_Brexit.pdf

SORROZA, R. Putin se mueve contra la prensa. *Revista Latinoamericana de comunicación Chasqui* [en línea]. 2003. 82, 34-37. [fecha de consulta 14 de abril de 2023]. ISSN: 13901079. Disponible en https://repositorio.flacsoandes.edu.ec/bitstream/10469/10661/1/REXTN-CH82-07-Sorroza.pdf

TAMAMES, J. Moscú en la red: la nueva injerencia rusa. *El Orden Mundial* [en línea], 2018 [fecha de consulta 18 de febrero de 2023]. Disponible en https://elordenmundial.com/moscu-en-la-red-la-nueva-injerencia-rusa/

TER, M. & DE PEDRO, N. "OPERACIÓN NEMTSOV": desinformación, confusión y algunas hipótesis inquietantes. *CIDOB*, [en línea], 2015 [fecha de consulta 27 de marzo de 2023]. Disponible en https://www.cidob.org/es/publicaciones/serie_de_publicacion/opinion/europa/operacion_nemtsov_desinformacion_confusion_y_algunas_hipotesis_inquietantes

TRANSPARENCIA VENEZUELA. Rusia y Venezuela, aliados para desinformar. *Transparencia Venezuela* [en línea], 2022 [fecha de consulta 14 de junio de 2023]. Disponible en https://transparenciave.org/rusia-y-venezuela-aliados-para-desinformar/

TURNER, I. Why Latin America is susceptible to Russian war disinformation. *DisinfoLab* [en línea], 2022 [fecha de consulta 26 de junio de 2023]. Disponible en https://www.disinfolab.net/post/why-latin-america-is-susceptible-to-russian-war-disinformation

TWITTER. Announcement: RT and Sputnik advertising. *Twitter* [en línea], 2017 [fecha de consulta 17 de mayo de 2023]. Disponible en https://blog.twitter.com/official/en_us/topics/company/2017/Announcement-RT-and-Sputnik-Advertising.html

UTOPIX. Lenin sobre el papel de la propaganda en la lucha de clases. *Utopix* [en línea], 2020 [fecha de consulta 18 de febrero de 2023]. Disponible en https://utopix.cc/columnas/lenin-sobre-el-papel-de-la-propaganda-en-la-lucha-de-clases/

VILLAMIZAR, F. Smart power y la política exterior de la República Popular de China hacia América Latina y El Caribe. *Revista Enfoques* [en línea], 2012, Vol. X, nº17 [fecha de consulta 12 de mayo de 2023] Disponible en http://www.revistaenfoques.cl/index.php/revista-uno/article/view/64

VILLAMUERA, J. ¿Qué fue la glásnost? *El Orden Mundial* [en línea], 2021 [fecha de consulta 28 de marzo de 2023]. Disponible en https://elordenmundial.com/que-fue-glasnost/#google_vignette

VOZPÓPULI. El experto de la UE: La intervención de Rusia en Cataluña es parte de la estrategia para desestabilizar Europa. *Vozpópuli* [en línea], 2019 [fecha de consulta 18 de mayo de 2023]. Disponible en https://www.vozpopuli.com/el_liberal_politica/problema-desinformacion-tv3-credibilidad-seriamente_0_1308169284.html

Anexos

Anexo I

Ilustración 8. Artículo del periódico indio prosoviético 'Patriot'

AIDS may invade India

Mystery disease caused by US experiments

NEW YORK:

AIDS, the deadly mysterious disease which has caused havoc in the US, is believed to be the result of the Pentagon's experiments to develop new and dangerous biological weapons.

Now that these menacing experiments seem to have gone out of control, plans are being hatched to hastily transfer them from the US to other countries, primarily developing nations where governments are pliable to Washington's pressures and persuasion.

Some American experts believe that Pakistan may become the next proving ground for these experiments. If this happens, there will be a real danger that AIDS may rapidly spread to India with the grave consequences to the people of the country.

WHO representatives point out that AIDS may soon become problem number one, since so far there are no effective cures to fight it.

The British mass media has pointed to the blood plasm imported from the US as the cause of AIDS, which is spreading in the British Isles where more than 15 patients have been hospitalized, with half of them now dead.

As a result, France and Holland which are large quantities

A well-known American scientist and anthropologist, in a letter to Editor, Patriot, analyses the history and background of the deadly AIDS which started in the US and has now spread to Europe. The writer, who wants to remain anonymous, has expressed the fear that India may face a danger from this disease in the near future.

---

forms and in most cases leads to death.

AIDS has recently been registered inasmany as 16 countries, primarily in those which import American blood donations. For some of the countries the disease has already become extremely dangerous.

The first signs of AIDS appeared in 1978 with an outburst of this disease in New York

among immigrants from Haiti. At that time, however, no one seemed to bother to pay any serious attention both on the part of the local authorities and the US public at large. In 1980 there was another sign of AIDS and again in New York. This time in addition to Haitian immigrants the disease struck local Americans, primarily drug addicts and homosexuals. By February 1983, AIDS had affected large sections of the American population and had been registered in 33 states. New York accounted for 49 per cent of all the cases that had been officially registered in the US by that time.

Concerned American citizens and organisations began to wonder why does AIDS, just like some other previously unknown diseases such as bizarre pneumonia or the so-called Legion-

continued on page 7 col. 2

PATRIOT * magazine

SUNDAY, JULY 17

Fuente: SHEKHOVTSOV, A. Operation COVID? *Centre for Democratic Integrity* [en línea], 2020 [fecha de consulta 28 de febrero de 2023]. Disponible en https://democratic-integrity.eu/anton-shekhovtsov-operation-covid/

Anexo II

Ilustración 9. Medios financiados por el Kremlin: RT y Sputnik como instrumentos
clave en el ecosistema ruso de desinformación y propaganda

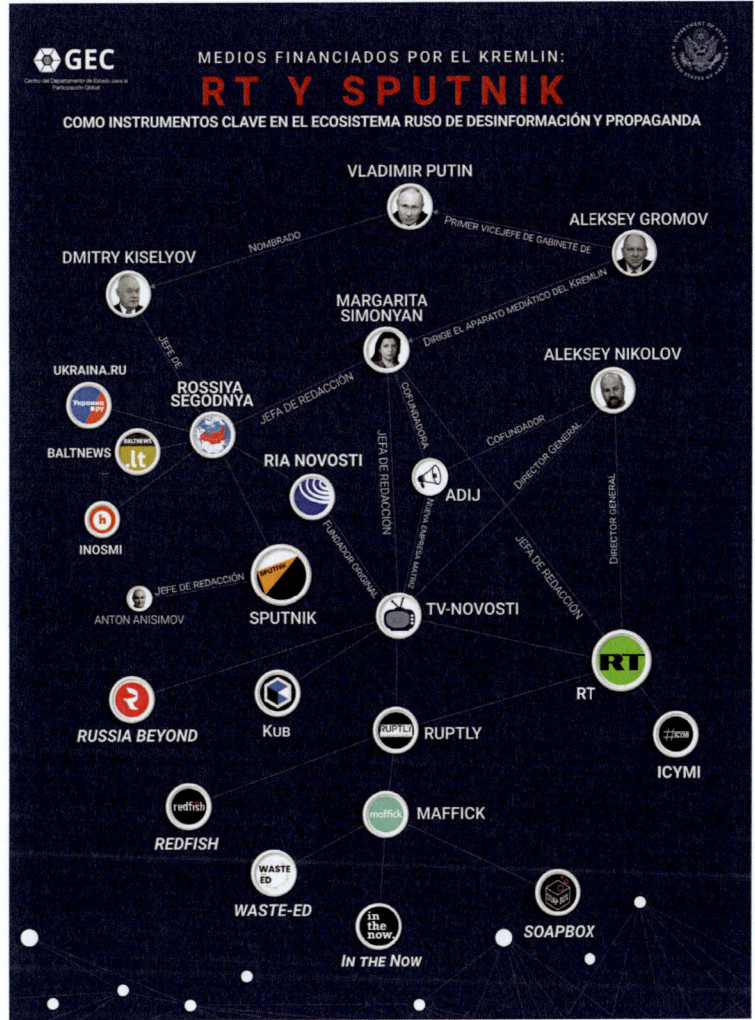

Fuente: GLOBAL ENGAGEMENT CENTER. Medios financiados por el Kremlin: el papel de RT y Sputnik en el ecosistema de desinformación y propaganda de Rusia. *Departamento de Estado de EE. UU* [en línea], 2022 [fecha de consulta 18 de mayo de 2023]. Disponible en https://www.state.gov/wp-content/uploads/2022/03/Kremlin-Funded-Media_Spanish_March-07_508.pdf

Anexo III

Ilustración 10. Media de reacciones en redes sociales por idioma

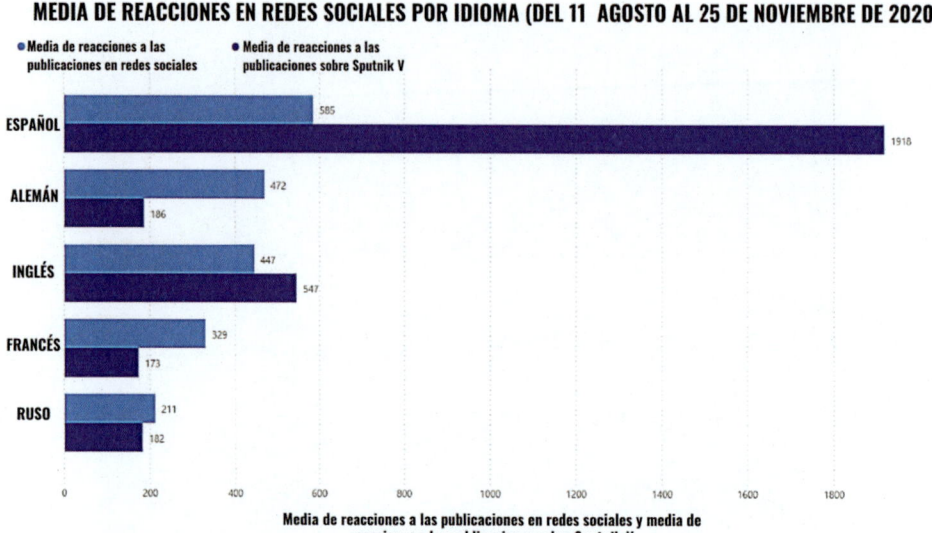

Fuente: EUvsDisinfo. Los medios de comunicación pro-Kremlin como herramienta de marketing: promoción de la vacuna Sputnik V en Latinoamérica. *EUvsDisinfo* [en línea], 2020 [fecha de consulta 18 de junio de 2023]. Disponible en https://euvsdisinfo.eu/es/los-medios-de-comunicacion-pro-kremlin-como-herramienta-de-marketing-promocion-de-la-vacuna-sputnik-v-en-latinoamerica/

Números Publicados
Serie Unión Europea y Relaciones Internacionales

Nº 1/2000
"La política monetaria única de la Unión Europea"
Rafael Pampillón Olmedo

Nº 2/2000
"Nacionalismo e integración"
Leonardo Caruana de las Cagigas y Eduardo González Calleja

Nº 1/2001
"Standard and Harmonize: Tax Arbitrage"
Nohemi Boal Velasco y Mariano González Sánchez

Nº 2/2001
"Alemania y la ampliación al este: convergencias y divergencias"
José María Beneyto Pérez

Nº 3/2001
"Towards a common European diplomacy? Analysis of the European Parliament resolution on establishing a common diplomacy (A5-0210/2000)"
Belén Becerril Atienza y Gerardo Galeote Quecedo

Nº 4/2001
"La Política de Inmigración en la Unión Europea"
Patricia Argerey Vilar

Nº 1/2002
"ALCA: Adiós al modelo de integración europea?"
Mario Jaramillo Contreras

Nº 2/2002
"La crisis de Oriente Medio: Palestina"
Leonardo Caruana de las Cagigas

Nº 3/2002
"El establecimiento de una delimitación más precisa de las competencias entre la Unión Europea y los Estados miembros"
José María Beneyto y Claus Giering

Nº 4/2002
"La sociedad anónima europea"
Manuel García Riestra

Nº 5/2002
"Jerarquía y tipología normativa, procesos legislativos y separación de poderes en la Unión Europea: hacia un modelo más claro y transparente"
Alberto Gil Ibáñez

Nº 6/2002
"Análisis de situación y opciones respecto a la posición de las Regiones en el ámbito de la UE. Especial atención al Comité de las Regiones"
Alberto Gil Ibáñez

Nº 7/2002
"Die Festlegung einer genaueren Abgrenzung der Kompetenzen zwischen der Europäischen Union und den Mitgliedstaaten"
José María Beneyto y Claus Giering

Nº 1/2003
"Un español en Europa. Una aproximación a Juan Luis Vives"
José Peña González

Nº 2/2003
"El mercado del arte y los obstáculos fiscales ¿Una asignatura pendiente en la Unión Europea?"
Pablo Siegrist Ridruejo

Nº 1/2004
"Evolución en el ámbito del pensamiento de las relaciones España-Europa"
José Peña González

Nº 2/2004
"La sociedad europea: un régimen fragmentario con intención armonizadora"
Alfonso Martínez Echevarría y García de Dueñas

Nº 3/2004
"Tres operaciones PESD: Bosnia y Herzegovina, Macedonia y República Democrática de Congo"
Berta Carrión Ramírez

Nº 4/2004 "Turquía: El largo camino hacia Europa"
Delia Contreras

Nº 5/2004 "En el horizonte de la tutela judicial efectiva, el TJCE supera la interpretación restrictiva de la legitimación activa mediante el uso de la cuestión prejudicial y la excepción de ilegalidad"
Alfonso Rincón García Loygorri

Nº 1/2005 "The Biret cases: what effects do WTO dispute settlement rulings have in EU law?"
Adrian Emch

Nº 2/2005 "Las ofertas públicas de adquisición de títulos desde la perspectiva comunitaria en el marco de la creación de un espacio financiero integrado"
José María Beneyto y José Puente

Nº 3/2005 "Las regiones ultraperiféricas de la UE: evolución de las mismas como consecuencia de las políticas específicas aplicadas. Canarias como ejemplo"
Carlota González Láynez

Nº 24/2006 "El Imperio Otomano: ¿por tercera vez a las puertas de Viena?"
Alejandra Arana

Nº 25/2006 "Bioterrorismo: la amenaza latente"
Ignacio Ibáñez Ferrándiz

Nº 26/2006 "Inmigración y redefinición de la identidad europea"
Diego Acosta Arcarazo

Nº 27/2007 "Procesos de integración en Sudamérica. Un proyecto más ambicioso: la comunidad sudamericana de naciones"
Raquel Turienzo Carracedo

Nº 28/2007 "El poder del derecho en el orden internacional. Estudio crítico de la aplicación de la norma democrática por el Consejo de Seguridad y la Unión Europea"
Gaspar Atienza Becerril

Nº 29/2008 "Iraqi Kurdistan: Past, Present and Future. A look at the history, the contemporary situation and the future for the Kurdish parts of Iraq"
Egil Thorsås

Nº 30/2008 "Los desafíos de la creciente presencia de China en el continente africano"
Marisa Caroço Amaro

Nº 31/2009 "La cooperación al desarrollo: un traje a medida para cada contexto. Las prioridades para la promoción de la buena gobernanza en terceros países: la Unión Europea, los Estados Unidos y la Organización de las Naciones Unidas"
Anne Van Nistelroo

Nº 32/2009 "Desafíos y oportunidades en las relaciones entre la Unión Europea y Turquía"
Manuela Gambino

Nº 33/2010 "Las relaciones trasatlánticas tras la crisis financiera internacional: oportunidades para la Presidencia Española"
Román Escolano

Nº 34/2010 "Los derechos fundamentales en los tratados europeos. Evolución y situación actual"
Silvia Ortiz Herrera

Nº 35/2010 "La Unión Europea ante los retos de la democratización en Cuba"
Delia Contreras

Nº 36/2010 "La asociación estratégica UE-Brasil. Retórica y pragmatismo en las relaciones Euro-Brasileñas(Vol 1 y 2)"
Ana Isabel Rodríguez Iglesias

Nº 37/2011 "China's foreign policy: A European Perspective"
Fernando Delage y Gracia Abad

Nº 38/2011   "China's Priorities and Strategy in China-EU Relations"
Chen Zhimin, Dai Bingran, Zhongqi Pan and Ding Chun

Nº 39/2011   "Motor or Brake for European Policies? Germany's new role in the EU after the Lisbon-Judgment of its Federal Constitutional Court"
Ingolf Pernice

Nº 40/2011   "Back to Square One: the Past, Present and Future of the Simmenthal Mandate"
Siniša Rodin

Nº 41/2011   "Lisbon before the Courts: Comparative Perspectives"
Mattias Wendel

Nº 42/2011   "The Spanish Constitutional Court, European Law and the constitutional traditions common to the member states (Art. 6.3 TUE). Lisbon and beyond"
Antonio López-Pina

Nº 43/2011   "Women in the Islamic Republic of Iran: The Paradox of less Rights and more Opportunities"
Désirée Emilie Simonetti

Nº 44/2011   "China and the Global Political Economy"
Weiping Huang & Xinning Song

Nº 45/2011   "Multilateralism and Soft Diplomacy"
Juliet Lodge and Angela Carpenter

Nº 46/2011   "FDI and Business Networks: The EU-China Foreign Direct Investment Relationship"
Jeremy Clegg and Hinrich Voss

Nº 47/2011   "China within the emerging Asian multilateralism and regionalism. As perceived through a comparison with the European Neighborhood Policy"
Maria-Eugenia Bardaro & Frederik Ponjaert

Nº 48/2011   "Multilateralism and global governance"
Mario Telò

Nº 49/2011   "EU-China: Bilateral Trade Relations and Business Cooperation"
Enrique Fanjul

Nº 50/2011   "Political Dialogue in EU-China Relations"
José María Beneyto, Alicia Sorroza, Inmaculada Hurtado y Justo Corti

Nº 51/2011   "La Política Energética Exterior de la Unión Europea. Entre dependencia, seguridad de abastecimiento, mercado y geopolítica"
Marco Villa

Nº 52/2011   "Los Inicios del Servicio Europeo de Acción Exterior"
Macarena Esteban Guadalix

Nº 53/2011   "Holding Europe's CFSP/CSDP Executive to Account in the Age of the Lisbon Treaty"
Daniel Thym

Nº 54/2011   "El conflicto en el Ártico: ¿hacia un tratado Internacional?"
Alberto Trillo Barca

Nº 55/2012   "Turkey's Accession to the European Union: Going Nowhere"
William Chislett

Nº 56/2012   "Las relaciones entre la Unión Europea y la Federación Rusa en materia de seguridad y defensa. Reflexiones al calor del nuevo concepto estratégico de la Alianza Atlántica"
Jesús Elguea Palacios

Nº 57/2012   "The Multiannual Financial Framework 2014-2020: A Preliminary analysis of the Spanish position"
Mario Kölling y Cristina Serrano Leal

Nº 58/2012   "Preserving Sovereignty, Delaying the Supranational Constitutional Moment? The CJEU as the Anti-Model for regional judiciaries"
Allan F. Tatham

Nº 59/2012   "La participación de las Comunidades Autónomas en el diseño y la negociación de la Política de Cohesión para el periodo 2014-2020"
Mario Kölling y Cristina Serrano Leal

Nº 60/2012   "El planteamiento de las asociaciones estratégicas: la respuesta europea ante los desafíos que presenta el Nuevo Orden Mundial"
Javier García Toni

Nº 61/2012   "La dimensión global del Constitucionalismo Multinivel. Una respuesta legal a los desafíos de la globalización"
Ingolf Pernice

Nº 62/2012   "EU External Relations: the Governance Mode of Foreign Policy"
Gráinne de Búrca

Nº 63/2012   "La propiedad intelectual en China: cambios y adaptaciones a los cánones internacionales"
Paula Tallón Queija

Nº 64/2012   "Contribuciones del presupuesto comunitario a la gobernanza global: claves desde Europa"
Cristina Serrano Leal

Nº 65/2013   "Las Relaciones Germano-Estadounidenses entre 1933 y 1945"
Pablo Guerrero García

Nº 66/2013   "El futuro de la agricultura europea ante los nuevos desafíos mundiales"
Marta Llorca Gomis, Raquel Antón Martín, Carmen Durán Vizán, Jaime del Olmo Morillo-Velarde

Nº 67/2013   "¿Cómo será la guerra en el futuro? La perspectiva norteamericana"
Salvador Sánchez Tapia

Nº 68/2013   "Políticas y Estrategias de Comunicación de la Comisión Europea: Actores y procesos desde que se aprueban hasta que la información llega a la ciudadanía española"
Marta Hernández Ruiz

Nº 69/2013   "El reglamento europeo de sucesiones. Tribunales competentes y ley aplicable. Excepciones al principio general de unidad de ley"
Silvia Ortiz Herrera

Nº 70/2013   "Private Sector Protagonism in U.S. Humanitarian Aid"
Sarah Elizabeth Capers

Nº 71/2014   "Integration of Turkish Minorities in Germany"
Iraia Eizmendi Alonso

Nº 72/2014   "La imagen de España en el exterior: La Marca España"
Marta Sabater Ramis

Nº 73/2014   "Aportaciones del Mercado Interior y la política de competencia europea: lecciones a considerar por otras áreas de integración regional"
Jerónimo Maillo

Nº 74/2015   "Las relaciones de la UE con sus socios meridionales a la luz de la Primavera Árabe"
Paloma Luengos Fernández

Nº 75/2015   "De Viena a Sarajevo: un estudio del equilibrio de poder en Europa entre 1815 y 1914"
Álvaro Silva Soto

Nº 76/2015   "El avance de la ultraderecha en la Unión Europea como consecuencia de la crisis: Una perspectiva del contexto político de Grecia y Francia según la teoría del 'chivo expiatorio'"
Eduardo Torrecilla Giménez

Nº 77/2016 "La influencia de los factores culturales en la internacionalización de la empresa: El caso de España y Alemania"
Blanca Sánchez Goyenechea

Nº 78/2016 "La Cooperación Estructurada Permanente como instrumento para una defensa común"
Elena Martínez Padilla

Nº 79/2017 "The European refugee crisis and the EU-Turkey deal on migrants and refugees"
Guido Savasta

Nº 80/2017 "Brexit: How did the UK get here?"
Izabela Daleszak

Nº 81/2017 "Las ONGD españolas: necesidad de adaptación al nuevo contexto para sobrevivir"
Carmen Moreno Quintero

Nº 82/2017 "Los nuevos instrumentos y los objetivos de política económica en la UE: efectos de la crisis sobre las desigualdades"
Miguel Moltó

Nº 83/2017 "Peace and Reconciliation Processes: The Northern Irish case and its lessons"
Carlos Johnston Sánchez

Nº 84/2018 "Cuba en el mundo: el papel de Estados Unidos, la Unión Europea y España"
Paula Foces Rubio

Nº 85/2018 "Environmental Protection Efforts and the Threat of Climate Change in the Arctic: Examined Through International Perspectives Including the European Union and the United States of America"
Kristina Morris

Nº 86/2018 "La Unión Europea pide la palabra en la (nueva) escena internacional"
José Martín y Pérez de Nanclares

Nº 87/2019 "El impacto de la integración regional africana dentro del marco de asociación UE-ACP y su implicación en las relaciones post Cotonú 2020"
Sandra Moreno Ayala

Nº 88/2019 "Lucha contra el narcotráfico: un análisis comparativo del Plan Colombia y la Iniciativa Mérida"
Blanca Paniego Gámez

Nº 89/2019 "Desinformación en la UE: ¿amenaza híbrida o fenómeno comunicativo? Evolución de la estrategia de la UE desde 2015"
Elena Terán González

Nº 90/2019 "La influencia del caso Puigdemont en la cooperación judicial penal europea"
Pablo Rivera Rodríguez

Nº 91/2020 "Trumping Climate Change: National and International Commitments to Climate Change in the Trump Era"
Olivia Scotti

Nº 92/2020 "El impacto social de la innovación tecnológica en Europa"
Ricardo Palomo-Zurdo, Virginia Rey-Paredes, Milagros Gutiérrez-Fernández, Yakira Fernández-Torres

Nº 93/2020 "El Reglamento sobre la privacidad y las comunicaciones electrónicas, la asignatura pendiente del Mercado Único Digital"
Ana Gascón Marcén

Nº 94/2020 "Referencias al tratamiento constitucional de la Unión Europea en algunos Estados Miembros"
Rafael Ripoll Navarro

Nº 95/2020   "La identidad europea, ¿en crisis? Reflexiones entorno a los valores comunes en un entorno de cambio"
Irene Correas Sosa

Nº 96/2020   "La configuración de un sistema de partidos propiamente europeo"
Luis Rodrigo de Castro

Nº 97/2020   "El Banco Asiático de Inversión en Infraestructura. La participación de Europa y de España"
Amadeo Jensana Tanehashi

Nº 98/2020   "Nuevas perspectivas en las relaciones entre la Unión Europea y China"
Georgina Higueras

Nº 99/2020   "Inversiones Unión Europea-China: ¿hacia una nueva era?"
Jerónimo Maillo y Javier Porras

Nº 100/2020   "40 años de reforma: el papel de China en la comunidad internacional"
Enrique Fanjul

Nº 101/2020   "A climate for change in the European Union. The current crisis implications for EU climate and energy policies"
Corina Popa

Nº 102/2020   "Aciertos y desafíos de la cooperación Sur-Sur. Estudio del caso de Cuba y Haití"
María Fernández Sánchez

Nº 103/2020   "El Derecho Internacional Humanitario después de la II Guerra Mundial"
Gonzalo del Cura Jiménez

Nº 104/2020   "Reframing the Response to Climate Refugees"
Alexander Grey Crutchfield

Nº 105/2021   "The Biden Condition: interpreting Treaty-Interpretation"
Jose M. de Areilza

Nº 106/2021   "¿Hacia la Corte Multilateral de Inversiones? El acuerdo de inversiones EU-China y sus consecuencias para el arbitraje"
José María Beneyto Pérez

Nº 107/2021   "El acuerdo de partenariado economico UE-Japon. Implicaciones para España"
Amadeo Jensana Tanehashi

Nº 108/2021   "El acuerdo con Reino Unido. Implicaciones para España"
Allan Francis Tatham

Nº 109/2021   "El 'Comprehensive Economic and Trade Agreement' (CETA) con Canadá. Implicaciones para España"
Cristina Serrano Leal

Nº 110/2021   "Acuerdos comerciales UE de "Nueva Generación": origen, rasgos y valoración"
Jerónimo Maillo

Nº 111/2021   "Europa en el mundo"
Emilio Lamo de Espinosa

Nº 112/2021   "A geostrategic rivalry: the Sino-Indian border dispute"
Eva María Pérez Vidal

Nº 113/2021   "The EU-China Digital Agenda and Connectivity"
Meri Beridze

Nº 114/2021   "Las mujeres en los conflictos y postconflictos armados: la Resolución 1325 de la ONU y su vigencia hoy"
Guadalupe Cavero Martínez

Nº 115/2021   "Tesla: estrategias de internacionalización y acceso al mercado en Brasil"
Carmen Salvo González

Nº 116/2022   "Player or board game? In Search of Europe's Strategic Autonomy: The Need of a Common Digital Strategy of the European Union towards the People's Republic of China"
Loreto Machés Blázquez

Nº 117/2022   "La posición de la Unión Europea en el conflicto del Sáhara Occidental ¿Terminan los principios donde empiezan los intereses?"
Elena Ruiz Giménez

Nº 118/2022   "La defensa de los valores de la Unión Europea: La condicionalidad de los Fondos Europeos al estado de derecho"
Alicia Arjona Hernández

Nº 119/2022   "Medidas restrictivas en la Unión Europea: el nuevo régimen de sanciones contra las violaciones y abusos graves de los derechos humanos en el contexto internacional"
Celia Fernández Castañeda

Nº 120/2022   "La relación hispano-británica en materia de seguridad y defensa después del Brexit"
Salvador Sánchez Tapia

Nº 121/2022   "Oportunidades para la cooperación bilateral en la cultura, la educación y la investigación: Piedras angulares en las relaciones hispano-británicas después de Brexit"
Allan F. Tatham

Nº 122/2022   "*Building bridges*: cómo paliar los efectos del Brexit sobre los intercambios económicos bilaterales de España con el Reino Unido"
Álvaro Anchuelo Crego

Nº 123/2022   "Mobility issues for UK and Spanish nationals post Brexit"
Catherine Barnard

Nº 124/2022   "Derechos humanos y debida diligencia en las cadenas globales de suministro"
Enrique Fanjul

Nº 125/2022   "Sostenibilidad y Derecho Internacional de las inversiones: claves prácticas para Estados y empresas transnacionales"
Francisco Pascual-Vlves y Alberto Jiménez-Piernas García

Nº 126/2022   "Derechos humanos y empresas, una agenda internacional en evolución"
Sandra Galimberti Díaz-Faes

Nº 127/2022   "El futuro de la Unión: una integración circunspecta"
Pablo García-Berdoy

Nº 128/2022   "El régimen internacional de no proliferación nuclear: ¿refundación o revisión crítica?"
Ignacio Cartagena Núñez

Nº 129/2022   "The Islamic State and Cultural Heritage: A two-track weaponization"
María Gómez Landaburu

Nº 130/2022 "La política de abastecimiento energético de la Unión Europea: Dependencia y vulnerabilidad ante la invasión rusa a Ucrania"
Raúl Carrasco Contero

Nº 131/2022 "El idioma español: situación actual y mirada al futuro. Un cambio de modelo"
José Olábarri Azagra

Nº 132/2022 "Rule of law conditionality mechanism: analysis of actors' interests"
Carolina de Amuriza Chicharro

Nº 133/2022 "*Due diligence* y cambio climatico"
Lorena Sales Pallares y María Chiara Marullo

Nº 134/2023 "Debida diligencia corporativa en materia de derechos humanos y sostenibilidad: ¿riesgos u oportunidades?"
Francisco Pascual-Vives y Alberto Jiménez-Piernas García

Nº 135/2023 "Debida Diligencia en Derechos Humanos: en camino hacia la legalización"
Sandra Galimberti Díaz-Faes

Nº 136/2023 "Obligaciones de Debida Diligencia en cuestiones de sostenibilidad en el marco de la Unión Europea: la perspectiva empresarial"
Enrique Fanjul

Nº 137/2023 "La Conferencia sobre el Futuro de Europa .Hacia una reforma de los Tratados?"
Inés Méndez de Vigo Pérez de Herrasti

Nº 138/2023 "The Assertiveness of the European Commission in the Enforcement of Fundamental Values: The impact of the Russia-Ukraine War"
Andreína V. Hernández Ross

Nº 139/2023 "Transparencia y acceso a los documentos de las instituciones de la Union Europea durante Procedimiento Legislativo Ordinario. Tratamiento por parte del Parlamento Europeo"
María García de Quevedo Ortiz

Nº 140/2023 "How China is Winning the 'GO' Game in the Indian Ocean Region: An Analysis of Sri Lanka's Policy Framing"
Carmen Rodríguez Escalada

Nº 141/2023 "La Orden Europea de Detención y Entrega como cristalización del progreso de la cooperación judicial penal en Europa: el caso Puigdemont"
Ignacio Garcia Prieto

Serie Política de la Competencia y Regulación

Nº 1/2001   "El control de concentraciones en España: un nuevo marco legislativo para las empresas"
José María Beneyto

Nº 2/2001   "Análisis de los efectos económicos y sobre la competencia de la concentración Endesa-Iberdrola"
Luis Atienza, Javier de Quinto y Richard Watt

Nº 3/2001   "Empresas en Participación concentrativas y artículo 81 del Tratado CE: Dos años de aplicación del artículo 2(4) del Reglamento CE de control de las operaciones de concentración"
Jerónimo Maíllo González-Orús

Nº 1/2002   "Cinco años de aplicación de la Comunicación de 1996 relativa a la no imposición de multas o a la reducción de su importe en los asuntos relacionados con los acuerdos entre empresas"
Miguel Ángel Peña Castellot

Nº 1/2002   "Leniency: la política de exoneración del pago de multas en derecho de la competencia"
Santiago Illundaín Fontoya

Nº 3/2002   "Dominancia vs. disminución sustancial de la competencia ¿cuál es el criterio más apropiado?: aspectos jurídicos"
Mercedes García Pérez

Nº 4/2002   "Test de dominancia vs. test de reducción de la competencia: aspectos económicos"
Juan Briones Alonso

Nº 5/2002   "Telecomunicaciones en España: situación actual y perspectivas"
Bernardo Pérez de León Ponce

Nº 6/2002   "El nuevo marco regulatorio europeo de las telecomunicaciones"
Jerónimo González González y Beatriz Sanz Fernández-Vega

Nº 1/2003   "Some Simple Graphical Interpretations of the Herfindahl-Hirshman Index and their Implications"
Richard Watt y Javier De Quinto

Nº 2/2003   "La Acción de Oro o las privatizaciones en un Mercado Único"
Pablo Siegrist Ridruejo, Jesús Lavalle Merchán y Emilia Gargallo González

Nº 3/2003   "El control comunitario de concentraciones de empresas y la invocación de intereses nacionales. Crítica del artículo 21.3 del Reglamento 4064/89"
Pablo Berenguer O´Shea y Vanessa Pérez Lamas

Nº 1/2004   "Los puntos de conexión en la Ley 1/2002 de 21 de febrero de coordinación de las competencias del Estado y las Comunidades Autónomas en materia de defensa de la competencia"
Lucana Estévez Mendoza

Nº 2/2004   "Los impuestos autonómicos sobre los grandes establecimientos comerciales como ayuda de Estado ilícita ex art. 87 TCE"
Francisco Marcos

Nº 1/2005   "Servicios de Interés General y Artículo 86 del Tratado CE: Una Visión Evolutiva"
Jerónimo Maillo González-Orús

Nº 2/2005 "La evaluación de los registros de morosos por el Tribunal de Defensa de la Competencia"
Alfonso Rincón García Loygorri

Nº 3/2005 "El código de conducta en materia de fiscalidad de las empresas y su relación con el régimen comunitario de ayudas de Estado"
Alfonso Lamadrid de Pablo

Nº 18/2006 "Régimen sancionador y clemencia: comentarios al título quinto del anteproyecto de la ley de defensa de la competencia"
Miguel Ángel Peña Castellot

Nº 19/2006 "Un nuevo marco institucional en la defensa de la competencia en España"
Carlos Padrós Reig

Nº 20/2006 "Las ayudas públicas y la actividad normativa de los poderes públicos en el anteproyecto de ley de defensa de la competencia de 2006"
Juan Arpio Santacruz

Nº 21/2006 "La intervención del Gobierno en el control de concentraciones económicas"
Albert Sánchez Graells

Nº 22/2006 "La descentralización administrativa de la aplicación del Derecho de la competencia en España"
José Antonio Rodríguez Miguez

Nº 23/2007 "Aplicación por los jueces nacionales de la legislación en materia de competencia en el Proyecto de Ley"
Juan Manuel Fernández López

Nº 24/2007 "El tratamiento de las restricciones públicas a la competencia"
Francisco Marcos Fernández

Nº 25/2008 "Merger Control in the Pharmaceutical Sector and the Innovation Market Assessment. European Analysis in Practice and differences with the American Approach"
Teresa Lorca Morales

Nº 26/2008 "Separación de actividades en el sector eléctrico"
Joaquín Mª Nebreda Pérez

Nº 27/2008 "Arbitraje y defensa de la competencia"
Antonio Creus Carreras y Josep Maria Juliá Insenser

Nº 28/2008 "El procedimiento de control de concentraciones y la supervisión por organismos reguladores de las Ofertas Públicas de Adquisición"
Francisco Marcos Fernández

Nº 29/2009 "Intervención pública en momentos de crisis: el derecho de ayudas de Estado aplicado a la intervención pública directa en las empresas"
Pedro Callol y Jorge Manzarbeitia

Nº 30/2010 "Understanding China's Competition Law & Policy: Merger Control as a Case Study"
Jeronimo Maillo

Nº 31/2012 "Autoridades autonómicas de defensa de la competencia en vías de extinción"
Francisco Marcos

Nº 32/2013 "¿Qué es un cártel para la CNC?"
Alfonso Rincón García-Loygorri

Nº 33/2013   "Tipología de cárteles duros. Un estudio de los casos resueltos por la CNC"
Justo Corti Varela

Nº 34/2013   "Autoridades responsables de la lucha contra los cárteles en España y la Unión Europea"
José Antonio Rodríguez Miguez

Nº 35/2013   "Una revisión de la literatura económica sobre el funcionamiento interno de los cárteles y sus efectos económicos"
María Jesús Arroyo Fernández y Begoña Blasco Torrejón

Nº 36/2013   "Poderes de Investigación de la Comisión Nacional de la Competencia"
Alberto Escudero

Nº 37/2013   "Screening de la autoridad de competencia: mejores prácticas internacionales"
María Jesús Arroyo Fernández y Begoña Blasco Torrejón

Nº 38/2013   "Objetividad, predictibilidad y determinación normativa. Los poderes normativos *ad extra* de las autoridades de defensa de la competencia en el control de los cárteles"
Carlos Padrós Reig

Nº 39/2013   "La revisión jurisdiccional de los expedientes sancionadores de cárteles"
Fernando Díez Estella

Nº 40/2013   "Programas de recompensas para luchar contra los cárteles en Europa: una comparativa con terceros países"
Jerónimo Maíllo González-Orús

Nº 41/2014   "La Criminalización de los Cárteles en la Unión Europea"
Amparo Lozano Maneiro

Nº 42/2014   "Posibilidad de sancionar penalmente los cárteles en España, tanto en el presente como en el futuro"
Álvaro Mendo Estrella

Nº 43/2014   "La criminalización de los hardcore cartels: reflexiones a partir de la experiencia de EE. UU. y Reino Unido"
María Gutiérrez Rodríguez

Nº 44/2014   "La escasez de acciones de daños y perjuicios derivadas de ilícitos antitrust en España, ¿Por qué?"
Fernando Díez Estella

Nº 45/2014   "Cuantificación de daños de los cárteles duros. Una visión económica"
Rodolfo Ramos Melero

Nº 46/2014   "El procedimiento sancionador en materia de cárteles"
Alfonso Lamadrid de Pablo y José Luis Buendía Sierra

Nº 47/2014   "Japanese Cartel Control in Transition"
Mel Marquis and Tadashi Shiraishi

Nº 48/2015   "Una evaluación económica de la revisión judicial de las sanciones impuestas por la CNMC por infracciones anticompetitivas"
Javier García-Verdugo

Nº 49/2015   "The role of tax incentives on the energy sector under the Climate Change's challenges
              Pasquale Pistone"
              Iñaki Bilbao

Nº 50/2015   "Energy taxation and key legal concepts in the EU State aid context: looking for a common
              understanding"
              Marta Villar Ezcurra and Pernille Wegener Jessen

Nº 51/2015   "Energy taxation and key legal concepts in the EU State aid context: looking for a common
              understanding Energy Tax Incentives and the GBER regime"
              Joachim English

Nº 52/2016   "The Role of the Polluter Pays Principle and others Key Legal Principles in Energy Taxes, on an State
              aid Context"
              José A. Rozas

Nº 53/2016   "EU Energy Taxation System & State Aid Control Critical Analysis from Competitiveness and
              Environmental Protection Objectives"
              Jerónimo Maillo, Edoardo Traversa, Justo Corti and Alice Pirlot

Nº 54/2016   "Energy Taxation and State Aids: Analysis of Comparative Law"
              Marta Villar Ezcurra and Janet Milne

Nº 55/2016   "Case-Law on the Control of Energy Taxes and Tax Reliefs under European Union Law"
              Álvaro del Blanco, Lorenzo del Federico, Cristina García Herrera, Concetta Ricci, Caterina
              Verrigni and Silvia Giorgi

Nº 56/2017   "El modelo de negocio de Uber y el sector del transporte urbano de viajeros: implicaciones en
              materia de competencia"
              Ana Goizueta Zubimendi

Nº 57/2017   "EU Cartel Settlement procedure: an assessment of its results 10 years later"
              Jerónimo Maillo

Nº 58/2019   "Quo Vadis Global Governance? Assessing China and EU Relations in the New Global Economic
              Order"
              Julia Kreienkamp and Dr Tom Pegram

Nº 59/2019   "From Source-oriented to Residence-oriented: China's International Tax Law Reshaped by
              BRI?"
              Jie Wang

Nº 60/2020   "The EU-China trade partnership from a European tax perspective"
              Elena Masseglia Miszczyszyn, Marie Lamensch, Edoardo Traversa y Marta Villar Ezcurra

Nº 61/2020   "A Study on China's Measures for the Decoupling of the Economic Growth and the Carbon
              Emission"
              Rao Lei, Gao Min

Nº 62/2020   "The global climate governance: a comparative study between the EU and China"
              Cao Hui

Nº 63/2020   "The evolvement of China-EU cooperation on climate change and its new opportunities under the
              European Green Deal"
              Zhang Min and Gong Jialuo